KB234769

From
Writing to Essay

수험생 · 대학인/취업 · TOEFL 영작준비 필독서

From Writing to Essay

영문학 박사 **문재익** 저

대 | 학 | 영 | 작 | 문

content S

Chapter 1

서언

우리나라 영어교육은 듣기, 말하기, 읽기, 쓰기의 4기능에 숙달하여 선진
문화를 받아들이고 나아가서 우리문화를 해외에 널리 소개하는 데 이바지
할 것이며, 현재와 미래의 보다 많은 학문 활동을 위해서뿐만 아니라 미래
에 있어서의 취직 혹은 직업상 국제화된 전문적 활동을 하는 데 필수요건
이기 때문에 대학영어교육에서는 읽기와 쓰기에 중점을 두어야 하겠다.

현재 대학 현장교육에서는 영어교육이 고교영어교육의 단순한 연장 내지
반복이 아닌가 하는 착각이 들게 할 만큼 문법·해석식 교수법이 거의 유
일무이한 방법으로 통하고 그러는 가운데 자기표현의 중요한 수단인 쓰기
는 필요성에 비해 부족한 현실이다.

영어교육의 근본적 4기능을 중·고등학교에서 성취하게 되면 대학영어교
육에서는 읽기교육 이외에도 필연적으로 수사학적 4기능에 중심을 두어야
한다. 수사학이란, 학생들에게 작문의 원칙과 법칙을 가르쳐서 올바른 글을
쓰게 하는 것이다. 대학영어교육의 목표는 이와 같은 수사학적 4기능을 배
우는 데 목표를 두어야 한다고 본다.

수사학적 4기능이란, 문법적으로 틀리지 않고, 논리적으로 올바른 글을
쓰며, 지적으로, 비평적으로, 그리고 빠른 속도로 읽을 줄 알며, 논리적 원
칙에 입각한 사고를 할 줄 알며, 교육인이 상속받은 과거·현대의 위대한
사상을 감상하는 것이다. 다시 말해 수사학이란 학생에게 작문의 원칙과 법
칙을 가르쳐서 올바른 글을 쓰게 하는 것이다. 구체적으로 말하자면 교육자
는 수사학의 3요소를 다루는 the discovery of ideas. the organization of the
ideas 그리고 the expression of the ideas에서 수사학 원칙을 알고 난 후 이 3
요소에 입각해서 교재(illustrative selections)를 분석하며, 이에 관한 논문들을
참조하여 현장경험을 토대로 새로운 논문을 써 보아야 한다. 대학영어의 목
표는 이와 같은 수사학적 4기능을 학생들이 배우는 데 있다. 수사학적 4기
능이란 (1) 문법적으로 틀리지 않고, 논리적으로 올바른 작품을 쓰며

(writing), (2) 지적으로, 비평적으로, 그리고 빠른 속도로 읽을 줄 알며 (reading), (3) 논리적 원칙에 입각한 사고를 할 줄 알며(thinking), (4) 교육인이 상속받은 과거·현대의 위대한 사상을 감상(appreciating)하는 것이다. 이와 같은 의미에 있어서의 대학영어의 쓰기, 읽기는 중·고등학교에서의 단편적인 문장을 쓰며 그것을 해석하는 것과는 다른 것이다. 이와 같은 의미에 있어서의 대학영어의 읽기, 쓰기는 중·고등학교에서의 단편적인 문장을 쓰며 그것을 해석하는 것과는 다르게 심도 있는 교육 및 학습이 되어야 한다. 또한 학생들이 영어 글쓰기를 잘하려면, 영어 글쓰기 실력을 키우기 위한 공부 방법으로 영어 일기와 영어 e-mail을 쓸 것을 권장한다. 평소에 영어로 자신의 생각을 써 보는 습관이 중요하다는 것이다. 본래의 외국어로 글을 쓰기는 평소에 훈련되지 않으면 어려운 일이며, 처음에는 매우 어렵겠지만, 문법 오류는 생각하지 말고, 자신의 생각을 차근차근 영어로 정리해 보는 습관이 중요하다. 또한, 한영사전보다 영영사전을 적극 사용할 것을 권장한다. 영영사전이 원어민만이 갖고 있는 영어 고유 뉘앙스와 감성을 터득하도록 도와주기 때문이다. 단어와 문장의 뜻을 원어민처럼 영어로 이해하는 사고과정을 습득하기 위해서는 영영사전이 최적의 방법이라고 강조하는 바이다. 또한 학생들이 TOEFL이나 취업 Essay를 준비하는 경우 평소 준비할 단계는 다음과 같다. 첫 번째, 영어일기를 통해 평소의 자신의 일상과 생각을 영어로 써 보는 습관을 들인다. 두 번째, 어떤 한 주제에 대해 자신의 의견을 매일 몇 문장씩 써 보는 습관을 들인 뒤 분량을 늘려 간다. 세 번째, 남의 글을 읽어 보아야 자신의 글을 쓰듯이 위인들의 연설문이나, 글만을 모아 놓은 영어책들을 많이 읽고, 자신의 눈에 들어오는 좋은 문장들을 베껴 써 자신의 표현으로 익힐 것을 권장하는 바이다.

Chapter 2

영작문을 위한 준비 단계

1. 관용적 세칙(Writing Mechanics)

2. 구두점

3. 대문자 사용

4. 숫자 표기

5. 한글의 로마자 표기법

6. 기본 문형

7. 문장의 종류

8. 팔품사와 품사의 변화

9. 구와 절

10. 문장의 요소

1. 관용적 세칙(Writing Mechanics)

　실무영어에서뿐만 아니라 일반영어 작문에서도 보기 좋고 읽기 편한 글을 쓰려면 반드시 지켜야 할, 이른바 글 쓸 때 지켜야 할 관용적 세칙(Writing Mechanics)이란 것이 있다.

　잘 알려진 바와 같이 영어는 소리와 철자(Spelling)가 일치하지 않기로 유명한 언어다. 아무리 정성 들여 쓴 편지라 하더라도 한두 개 철자가 잘못된 것이 있으면 의미의 혼동을 가져올 수도 있고, 설사 의미의 혼동까지는 초래하지 않는다 하더라도 부주의하다는 좋지 않은 인상을 주게 될 것이다.

　또한 대문자를 써야 할 곳에 소문자를 쓴다든지 반대로 소문자를 써야 할 곳에 대문자를 써도 의미가 잘못 전달될 수가 있다. 다음의 두 문장을 비교해 보자.

(1) We shall now listen to an angel recording(이제 천사가 녹음하는 것을 듣겠습니다.).

(2) We shall now listen to an Angel recording(이제 엔젤사의 음반을 듣겠습니다.).

　angel의 첫 자를 소문자로 쓰느냐 대문자로 쓰느냐에 따라 의미가 판이하게 달라지는 것을 알 수 있다.

　이 밖에 구두점(Punctuation), 분절(Syllabication), 숫자(Number), 약자(Abbreviation), 이탤릭체(Italics), 제목(Title), 로마자 표기 등을 바르게 쓰는 것도 글 쓸 때 지켜야 할 관용적 세칙에 속한다. 심지어는 편지지의 크기, 페이지수 매기기(Pagination), 여백의 크기(Margin), 문단의 첫 행을 다섯 글자쯤 안으로 들여보내기(Indentation) 등까지도 이 세칙에 포함시키는 사람도 있으나 이러한 것들은 이 장에서는 다루지 않기로 한다.

2. 구두점(Punctuation)

구두법이란 관용적인 부호를 써서 문장의 구조와 의미를 명확히 해 주는 관습이다. 따라서 구두법을 잘못 쓰면 의미해석에 혼동을 초래할 수도 있다. 우리가 말을 할 때는 몸짓, 휴지, 성조, 억양 등을 써서 나타내는 것을 글로 쓸 때는 마침표, 물음표, 콤마 등의 부호를 써서 나타낸다고 할 수 있다. 그러므로 글의 정확성과 명료성을 얻기 위해서는 구두법을 정확히 알고 적절히 써야 할 것이다. 그런데 구두법에서 무엇을 다룰 것인가 하는 데 관해서는 여러 가지 견해가 있다.

A. 종지부(Period or Full Stop)(.)

1. 서술문·명령문 끝에

Honesty is the best policy. Open the box. Don't open the door.

2. 약자의 끝에

C.O.D.(= the Concise Oxford English Dictionary)

> ▶ *주의*
> 1. TV처럼 (.) 찍지 않은 경우도 있음.
> 2. 영국에서는 Dr(Doctor)처럼 본딧말의 끝 자가 있으면 종지부(.)를 생략하기도 한다.
> 3. 서술문의 끝에 약자가 있으면 종지부는 한 개만 취한다.
>   The word plural is abbreviated into pl.(plural이라는 낱말은 pl.이라는 약자로 단축된다.)

---

3. 표제, 서명, 날짜, 주소 등의 끝에……

The story of Hamlet(.)(햄릿 이야기) November 1.(11월 1일)

20 Nakwon − dong, Chongro − ku, Seoul.

4. 로마 숫자의 뒤·여러 종류의 소수점으로

Elizabeth Ⅱ. 8.30 A.M.(오전 8시 30분)

B. 콤마(Comma)(,)

1. 호격에: John, tell me the truth. Come in, John.

2. 문법상 같은 관계를 가진 세 개 이상의 어구가 결합될 때 and, or 앞에 comma(,)는 생략할 수 있지만 생략되면 오해되기 쉬운 경우에는 생략하지 않는 것이 좋다.

   She showed it to Frank, Tom, and Dick.

   She showed it to Frank, Tom and Dick.

   톰과 딕, 그녀가 그것을 프랭크에게 보여 주었다.

3. 동격에

   Milton, the great poet, was blind.

> ▶ 주의
> 1. 동격의 낱말이 서로 밀접하게 결합되어 한 낱말처럼 쓰일 때는 comma를 찍지 않는다.
>   We Koreans(우리 한국 사람들), Alexander the Great(알렉산더 대왕)
> 2. that으로 이끄는 동격절 앞에는 comma를 찍지 않는다.
>   I know the fact that she is unkind.

---

4. 공통 관계어

   She has been, and will be, beautiful.

5. 계속적 용법의 관계사 앞에

   I met a boy, who gave me this book.

6. 분사구문에

   Night coming on, we started for home.

7. 절이나 however, therefore, moreover, indeed, namely, in short, in fact, too 등이 삽입된 경우

   She is, I should think, about thirty.

   He did not, however, succeed in the attempt.

8. 인용문 앞 또는 뒤에서

   He said, "I like spring." "I know him", said the boy.

9. 생략된 곳에

London is the capital of England; Paris, of France.

10. 조건 명령의 and나 or 앞에

Study hard, and you will succeed.

Hurry up, or you will be late for school.

11. 문의 뜻을 명백하게 하기 위해서(주어가 되는 명사절이 동사로 끝나거나 주어가 길 때)

Who he is, is not known to me.

12. 어순이 바뀐 경우에

Why he came here, I didn't know.

13. Yes나 No 또는 감탄사 well, why, oh 뒤에

Can you swim? Yes, I can. No, I can't.

Well, here is your pen. Oh, what shall I do?

14. 이름을 반대 어순으로 쓸 때 또는 이름 다음에 경칭을 쓸 때

Mill, John Stuart.(존 스튜어트. 밀) J. Smith, Esq.(J. 스미스 귀하)

15. 대조적 어구를 들 때에

It is not a dog, but a cat.

16. 독립구문이나 부사절이 앞에 오는 경우에

To tell the truth, I don't like her.

If I am allowed, I will stay here.

17. 주소・날씨에

10, 2 − ga, Chong − ro, Seoul.

18. 천 이상의 숫자는 셋째 자리마다 콤마로 끊는다.

1,325,566,281(단, 연호에는 콤마를 사용하지 않는다: 1950)

19. 동격의 or 앞에

botany, or the science of plants

C. 의문부호(Question Mark or Interrogation Mark)(?)

1. 직접의문문 뒤에: Do you like apples?

2. 형식적으로는 평서문이지만 내용상 의문문인 경우

and then?(그 다음엔?)   You are wrong, then?(그러면 당신이 틀렸지?)

3. 문중어구에 의문·불확실을 나타낼 때(괄호에 넣어서 사용)

He died in the year of 1959(?)

4. 한 낱말이라도 의문문이 성립될 때

What?(뭐라고?) Why?(왜 그래?)

5. 서술형 의문문

You are a student?

D. 감탄부호(Exclamation Mark)(!)

1. 감탄문에

How happy he looks!

2. 감탄사 다음에

"Oh!" was all I could say then. (cf)Oh,

3. 주의를 환기시키는 문장이나 강한 감정을 표시하는 어구나 문장에

John! Look here!

E. 콜론(Colon)(:)

1. 세목 또는 보기를 들 때에(dash(-)와 함께 쓸 때가 많다.)

   I need the following articles: - a pen, a pencil and a knife.

2. 원인·이유·결과·대조 등을 나타내는 절 앞에 접속사 대신에

   It is growing dark: the sun has set.

   Tom likes English: Mary likes French.

3. 대화문에서 발언자와 내용 사이에

   Marry: Do you like coffee? - Judy: No, I don't.

4. 시간을 숫자로 나타내는 경우에 '시간'과 '분' 사이에(주로 미국에서)

   He missed the 6:30 A.M. train(미식).

   He missed the 6:30 A.M. train(영식).

5. 연설·상업용 편지의 호칭 뒤에

   Ladies and Gentlemen: Dear sir:

6. 격식을 갖춘 동격어구 앞에

   He spoke on the subject: "International Trade and the World Market"

7. 저자와 저서 사이에

   Shakespeare: Caesar(셰익스피어 작 시이저)

F. 세미콜론(Semicolon)(;)

세미콜론은 종지부(.)와 콤마(,) 중간 정도의 구두점 역할을 한다.

1. 중문에서 접속사 대신에 두 절 사이에 사용

   Art is long; life is short.

   (예술은 길고 인생은 짧다.)

2. however, therefore, so, yet 등 접속 부사 앞에

   It rained hard; therefore he did not go there.

3. Yes(예) 또는 No(아니오) 다음에 오는 대답이 직접적인 것이 아닐 때

Did you go to America?

(아메리카에 갔었나?)

No, I did not go to America.

(아니, 가지 않았습니다.)

No; I went to Africa.

(아니, 아프리카에 갔습니다.)

4. 중문 다음의 절이 but, as, moreover(그 위에), thus(이리하여), therefore
(그러므로), and 등으로 인도될 때에 앞 절의 끝에

Mark the best use of time; for the loss it can never be regained.

(시간을 가장 잘 이용하라, 왜냐하면 잃은 시간은 결코 되찾을 수 없기 때문에.)

G. 하이픈(Hyphen)(−)

1. 복합어에: mother − in − law(장모), well − to − do(부유한)

2. 단어 음절 구별에: re − turn, foun − da − tion, sit − u − ate

3. 철자는 같아도 뜻이 다른 두 낱말 이상을 구별할 때
   [proverb(속담)/pro − verb(대동사)], [recreation(오락)/re − creation(개조)]

4. 연속된 두 개의 모음 철자가 따로따로 발음될 때
   re − exchange(재교환), co − operation(협동)

5. 21에서 99까지 수의 10자리와 1자리 사이, 분수
   twenty − one, ninety − nine, two − thirds(2/3)

H. 대시(Dash)(−)

1. 이야기의 내용을 갑자기 바꿀 때
   I will tell you why − What are you laughing at?
   (너에게 이유를 말할게. − 무엇이 그렇게 우스우냐?)

2. 삽입 어구의 전후에 괄호와 같은 뜻으로

Tom – your brother – was very kind.

(톰은 – 이 동생이지만 – 매우 친절했어.)

3. 주저함이나 문의 중단을 표할 때

I – I – won't – shouldn't – die now.

(나는 – 나는 – 지금 죽지는 – 아니야 죽어서는 안 돼.)

4. 뜻을 강조하기 위하여 앞에 온 같은 어구를 반복할 때

I shall never forget you – never, – never!

(나는 결코 너를 잊지 않겠어 – 결코 – 결단코!)

5. 총체적인 어구의 앞에

Health, friends, position, – all are gone.

(건강도, 친구도, 지위도 – 모두 사라져 버렸다.)

6. 인용문 뒤에 저자 이름을 나타낼 때

The pen is mightier than the sword. – Lytton.

(문필은 무력보다 강하다. – 리턴 경)

7. 다른 사람의 말을 같은 줄에 쓸 경우에

Can you swim well? – No, I can't.

(수영 잘합니까? – 아니요, 못해요.)

8. 어구·문자·숫자를 생략했을 때, 사람·장소를 말하지 않을 때

G – d(= good), d – m(= damn)

In the year 19 – , I went to the city of K – .

(19 – 년에 나는 K – 시에 갔다.)

9. 앞에 말한 것을 정정할 때

She is – or was – very kind.

(그녀는 매우 친절하다. – 아니면 매우 친절했다.)

I. 아포스트로피(Apostrophe)(')

1. 명사의 소유격에: Tom's pen, today's newspaper

2. 문자·숫자·약자의 복수형에: 3R's, 35's, 3M.P.'s

3. 글자나 숫자(연호)를 생략할 때: I'm(=I am), won't(=will not), '77(= 1977)

4. 건물생략: ____'s(house, shop, store, office, church, temple, cathedral 등)

5. 문장에서 명사의 반복 생략: This book is my father's.

J. 괄호(Parentheses, Brackets, and Braces)( )[ ]{ }

( )－Parentheses, [ ]－Bracket, { }－Brace

1. Parentheses－( )

    (1) 삽입문 및 설명절 어구에: He(My brother) went alone.

    (2) 생략해도 좋은 것에

        Which do you like better, spring or summer?

        I like spring better(than summer).

    (3) 인용문의 출처 표시에

        To be, or not to be: that is the question(Shakespeare: Hamlet Ⅲ).

2. Bracket－[ ]

    (1) 생략·정오·비평 따위 삽입에

        She is the girl [whom] I met in the park.

    (2) 문장 가운데 주석이나 설명 삽입에

        We [Tom and I] seldom go there.

    (3) 발음이나 어원 표시에

        literally[litərəli], literary[litərəri]

3. Brace－{ }

    항목을 가로 또는 세로로 묶을 경우에 쓰인다.

	He	you, your, you
he, his, him, his	She	thou, thy, thee
	it	

K. 인용부호(Quotation Marks)(" ")(' ')

Double Quotation Marks – " ", Single Quotation Marks – ' '

1. 직접화법의 인용 내용 앞뒤에: He said, "I am happy."

2. 특히 주의를 환기시키는 부분에

He calls himself a "hero".

(그는 자기를 "영웅"이라고 말한다.)

3. 신문·서적·잡지·비행기 이름에, 노래·연설·강의의 제목 등에

"Hamlet" was written by Shakespeare.

4. 인용문 속에 다른 인용문이 있으면 Single Quotation Marks(' ')를 사용

She exclaimed, "You said, 'Time is money.'?"

("'시간이 돈이다'라고 당신이 말하지 않았어요?"라고 그녀는 외쳤다.)

L. 점(Dots)(⋯)

용법은 dash(−)와 같다. 흔히 생략을 나타낼 경우에 쓰며 점은 3개(⋯)
내지 4개(· · · ·)를 쓰는 것이 관례가 되고 있다.

ex) What makes us read a letter again and again⋯ marks it off from the
average, impresses and moves and stirs its readers⋯? The answer is
personality.

(우리로 하여금 같은 편지를 여러 차례 읽게 하고⋯ 보통 편지와는
다른 느낌을 갖게 하며⋯ 독자들에게 깊은 인상과 감동을 주고 마음
을 움직이게 하는 것은 무엇일까? 그것은 다름 아닌 개성이다.)

M. 생략부호(Ellipses)

인용된 구절로부터 단어가 생략되었다는 것을 표시하기 위하여 생략부호
를 사용한다. 생략부호를 타이핑할 경우에는 각 마침표 사이를 띄어 준
다. 완전한 진술 다음에 단어를 생략할 경우에는 생략부호로 사용되는 세

개의 마침표 외에 문장을 맺는 마침표를 첨가한다.

ex) These were his words: "We could not have achieved final victory without the full cooperation of firms like··· the Ballard Engineering Corporation···"

☆ 다음 글을 통해, 왕비가 보낸 글의 내용으로 가장 적절한 것은?

The wife of a Russian emperor once saved a man's life with a comma. The emperor had sentenced the man to death. The man was to be sent to Siberia. There he was to be shot. But the king's wife didn't want the man to die. She came up with a brilliant plan. She managed to get her hands on the death warrant signed by the emperor. He had written a sentence with a comma. His wife moved to the comma one word to the left. That changed the warrant's meaning. It now granted the condemned man a pardon.

〈구두점에 주의하여 의미를 비교하라. 그리고 내용을 요약한 문장은?〉

① Pardon, impossible to be sent to Siberia.
② Pardon impossible, to be sent to Siberia.
③ Pardon impossible to be, sent to Siberia.
④ Pardon impossible to be sent, to Siberia.
⑤ Pardon impossible to be sent to, Siberia.

3. 대문자 사용(Capitalization)

영어는 소리와 철자(Spelling)가 일치하지 않기로 유명한 언어다. 아무리 정성 들여 쓴 편지라 하더라도 한두 개 철자가 잘못된 것이 있으면 의미는 혼동을 가져올 수는 있고, 설사 의미의 혼동까지는 초래하지 않는다 하더라도 부주의하다는 좋지 않은 인상을 주게 될 것이다. 또한 대문자를 써야 할 곳에 소문자를 쓴다든지 반대로 소문자를 써야 할 곳에 대문자를 써도 의미가 잘못 전달될 수 있다.

다음의 두 문장을 비교해 보자.

<참조>

(1) We shall now listen to an **angel** recording.

(이제 천사가 녹음하는 것을 듣겠습니다.)

(2) We shall now listen to an **Angel** recording.

(이제 엔젤사의 음반을 듣겠습니다.)

angel의 첫 자를 소문자로 쓰느냐 대문자로 쓰느냐에 따라서 의미가 판이하게 달라지는 것을 알 수 있다.

대문자(capital letter)로 시작하는 단어들은 다른 단어들보다 더 강하게 주의를 끈다. 변호사나 광고작가들이 때때로 단순히 관심과 주의를 끌기 위해서 대문자를 사용하기도 하지만 일반적으로 다음과 같은 경우에 대문자를 쓴다.

(1) 고유명사(proper nouns)와 그의 파생어(derivatives)

예: Canada – Canadian	Georgia – Georgian	Keynes – Keynesian

실제의 고유명사를 대신해서 쓰이는 이름(descriptive names)도 대문자로 쓴다.

| 예: the Windy City(Chicago) | the Big Board(New York Stock Exchange) |

(2) 상표이름(Brand Names)

| 예: Decca records | Ovaltine | Coca-Cola | Vaseli |

만일 고유명사로부터 파생된 명사가 그의 특수한 의미를 잃었을 경우에
는 대문자를 쓰지 않는다.

| 예: china(dishes) | french dressing | india ink | watt |

(3) 복합고유명사

일반적으로 말해서 한 단어 이상으로 구성된 제목 또는 이름에서는 관사,
접속사 그리고 짧은 전치사를 제외한 모든 단어를 대문자로 쓴다. 물론, 첫
번째 단어는 언제나 대문자로 쓴다.

예: *The Rise and Fall of the Roman Empire*(book title)

Supreme Court

Stock No. 14B(숫자로 표시된 상품)

(4) The Government

government, union, nation, common wealth 또는 *state*가 *the*와 함께 쓰이고 실제
의 국가이름을 대신할 때 대문자로 쓴다.

예: 1) A brilliant young attorney will represent the *Government*.

   (*Government*는 United State Government 대신 사용됨.)

   2) There are now 50 states in the Union.

(5) 사업조직체(Business Organizations)

company, association 또는 *corporation* 같은 명사가 조직체의 완전한 이름 대
신 사용될 때는 대문자로 표기한다. 그러나 *this company, our company, their*

association 등으로 말할 때는 소문자를 쓴다.

예: 1) Mr. Redding was employed by this company in 1966.

2) The *Company*(meaning *Selby Paper Supply Company*) will act upon your recommendations.

(6) 고유명사로부터 파생된 과목이름

예: 1) English, 2) German

그러나 mathematics, accounting, history 등은 소문자로 쓴다.

(7) 강좌이름(Course Titles)

예: 1) She is enrolled in *Shorthand 23C*.

2) Mr. Edward Stokes teaches *Business Mathematics 11*.

(8) 관직이름(official tiles of rank)과 공공기관(public office)

a. 관직명이 이름 앞에 올 때 대문자로 쓴다. 그러나 일반적으로 이름 다음에 올 때는 소문자를 쓴다.

예: 1) I have never met *Congressman* Nelson.

2) Arnold Matson, treasurer of our organization, will report on our financial condition.

b. 고위 관직 이름은 비록 그것이 이름 다음에 와도 대문자로 쓰며, 또는 이름 대신으로 사용될 때도 대문자로 쓴다.

예: 1) He will discuss the matter with Mr. Byron White, Associate Justice of the Supreme Court.

2) We were present when the *Governor* signed the bill.

c. 일반직급(general classification)의 칭호는 대문자로 쓰지 않는다.

예: This organization does not need a treasurer.

d. 주소나, 편지의 서명 다음에 오는 칭호는 대문자로 쓴다.

예: Mr. William Covert, *District Manager*
Schannon Machine Tool Company
Centerville, Missouri

(9) 가족관계를 지시하는 이름은 그 앞에 소유격 명사나 대명사가 오지
    않는 한 대개 대문자로 쓴다.
예: 1) *Uncle* Ralph   Mother

    2) My *aunt* Ada   Mother's *brother*

(10) 방위명(points of the compass)
방위명은 지명으로 사용될 때만 대문자로 쓰며 방향을 가리킬 때는 대문
자로 쓸 수 없다.
예: 1) This film was manufactured in the *East*.

    2) We plan to visit *Western* Europe,

    3) Buffalo is *west* of Albany.

(11) 요일과 달(days and months)
공휴일, 요일, 달의 이름은 대문자로 쓴다.
예: 1) Washington's Birthday, 2) Monday, 3) August

(12) 계절(seasons)
계절이름이나 자연(nature)은 그들이 강하게 의인화되었을 때만 대문자로
쓴다.
예: 1) *Old Man Winter* left a foot of snow on our ground.

    2) Our *spring* suits are on sale this week.

(13) 지명(geographical terms)
국가, 주, 도, 도시, 거리, 대양, 항구 등의 이름은 대문자로 쓴다.
예: 1) Our ship will leave from *New York Harbor*.

    2) Property taxes are somewhat high in *Franklin County*.
a. 고유명사 앞에 오는 지명은 그것이 고유명사의 일부가 아니라면 대문
    자로 쓰지 않는다.
예: 1) Our accountant has never been in the *state* of Florida.

    2) He worked as an engineer for the *city* of Cleveland.

b. 둘 또는 그 이상의 고유명사의 의미를 완결시키는 복수 보통명사는 대문자로 쓰지 않는다.

예: We have offices in both the Woolworth and Chrysler *buildings.*

(14) 역사적 사건 또는 시기(era)는 대문자로 쓴다.

예: 1) the Civil War, 2) the Dark Ages, 3) the Monroe Doctrine

(15) 다음 문장들의 첫 번째 단어는 대문자로 쓴다.

a. 완전한 문장

예: *The lumber* will be shipped on Wednesday.

b. 완전한 문장으로 기능할 수 있는 직접인용문

예: He said, "*Please* take care of the matter."

He said that Mae's weakness is "*her* inability to type well."

(인용된 부분이 문장의 기능을 갖지 못함.)

c. 콜론 다음에 오는 완전하고 독립된 진술

예: Scott and I had the same problem: *What* explanation could we offer for being late?

We apparently have the same goal: to increase profits.

(콜론 다음에 완전한 문장이 오지 않았음.)

d. 완전한 문장을 대신하는 구 또는 단어: Yes, of course. When?

e. 편지의 인사말: Dear Mr. Langford:

f. 편지의 맺음말: Sincerely yours, Yours respectfully,

4. 숫자(Numbers) 표기

1. 단어로서의 수(Numbers as Words)

(1) 일반적으로 하나(one)에서 열(ten)까지의 수는 문자로 쓴다.

예: 1) The discussion lasted for *ten* minutes.

2) The program will begin at *eight* o'clock.

(2) 한두 단어로 나타낼 수 있는 불확실한 수는 특별히 강조할 의도가 없으면 문자로 나타낸다.

예: 1) The lecture hall will accommodate about two hundred people.

(about가 있음을 유의할 것.)

2) Approximately thirty appliances were damaged in the fire.

(approximately가 있음을 유의할 것.)

(3) 문장의 처음에 오는 수는 문자로 쓴다. 수가 길면 어색함을 피하기 위하여 문자로 고쳐 쓴다.

예: Avoid: 21 of the instruments had been damaged.

Use: Twenty－one of the instruments had been damaged.

Avoid: 471 people were in the auditorium.

Use: There were 471 people in the auditorium.

(4) 대개의 진분수는 문자로 쓴다.

예: 1) He refused to accept his one－fourth share.

2) More than one third of us accepted the challenge.

(대분수는 숫자로 표기한다. 예: $2\frac{1}{2}$)

(5) 정중한 초대장이나 안내장에는 모든 수를 문자로 나타낸다.

예: …on Sunday, the twenty – seventh of February…

(6) 중간에 구두점이 없는 경우에는 두 개의 연속된 수 중 짧은 수만을
문자로 나타낸다.

예: 1) He purchased 15 ten – cent candy bars.

2) He asked for fourteen 79 – cent pens.

(7) 법률문서에서는 돈의 액수를 숫자와 문자로 모두 나타내야 한다.

예: Four Hundred Fifty Dollars($450)

(8) 일반적으로 서수는 문자로 나타낸다.

예: 1) We are starting our forty – second year of operations.

2) He lives on Seventh Street in Oklahoma City.

(거리 이름을 나타낼 때 tenth 이상의 서수는 숫자로 표기한다:
11th Street, 32nd Street, etc.)

(9) 정수(round numbers)를 나타낼 때는 읽는 것을 편하게 하기 위해 million
또는 billion은 문자로 표기한다.

예: 1) The winning candidate received a plurality of 1.2 million votes.

2) This tax legislation would increase revenue by $7 billion.

2. 숫자로서의 수(Numbers as figures)

(1) 일반적으로 열 이상의 모든 정확한 수는 숫자로 나타낸다.

예: 1) The Evans file has been missing for 30 days.

2) He distributed 1,325 copies of the bulletin.

3) The irate customer asked for a refund of her $49.50.

(2) 업무상 다음의 사항들은 숫자로 나타낸다.

a. 주식시세(market quotations)   b. 체적(dimensions)

c. 온도(degrees of temperature)   d. 소수(decimals)

e. 번지수(street numbers)(단, 1번지는 one으로 나타냄.)

f. 책의 페이지와 장, 절 등(pages and divisions of a book)

g. A.M. 또는 P.M.이 뒤따르는 시간   h. 무게와 용량

예: 1) On June 17, 1968, Flying Tiger(common stock) closed at $25\frac{7}{8}$;
       Hooker Chemical, at $61\frac{1}{4}$.

   2) Our smallest boxes are 6 by 8 by 3 inches.

   3) In our freezer the temperature is now 5 degrees(or $5°$).

   4) We spent 2.7 percent of our gross profit for advertising.

   5) Hecker lives at 126 Willow Street; Pyle lives at one Wickfield Court.

   6) The picture appears in Volume 8, page 214.

   7) The glass was in session from 10 A.M. until 1 P.M.

   8) This oil drum, which weighs exactly 100 pounds, will hold 50 gallons.

3. 특수한 경우(Special Situations)

(1) 여러 개의 수가 한 문장 내에서 동일한 기능을 수행할 경우에는 그들
    을 똑같이 표기한다. 즉 하나를 숫자로 나타내면 나머지도 모두 숫자
    로 나타낸다.

예: 1) The inventory shows 21 ranges, 9 refrigerators, 37 washers, and 10
       dryers.

   2) Our disposers sell for $55.00, $69.50, $79.50, and $95.00.

       (그러나 The 32 tables sold in five days.의 경우는 두 숫자의 기능
       이 다르다.)

(2) 날짜를 쓸 때는 대개 숫자로 나타낸다.

예: 1) We plan to meet on September 7, 1971.

    2) The office was closed on August 15.

(3) 서수가 날짜를 나타낼 때는 문자 또는 숫자 어느 것으로도 표기할 수 있다.

예: 1) Business has been poor since the ninth(or 9th).

    2) We have not seen him since the 26th of July.

4. 이탤릭체(Italics) 쓰기

1. 문장 중의 신문 · 잡지 · 서적의 표제

   I learned it is yesterday's *Donga*.

   Hawthorne's *Scarlet Letter* was published in 1850.

2. 선박 명칭

   They went on board the *Kyungpuk −ho*.

3. 완전히 영어화 안 된 외래어

   a la Fran caise = after the French custom(프랑스식으로)

   the *raison detre* of the individual = the reason of being of the individual (개인의 존재 이유)

4. 강조 · 대조 따위를 나타내는 어구

   It was *he* and notIwho did so.

   (그렇게 한 것은 그였지 나는 아니었다.)

5. 문장 중의 낱말을 단순히 낱말로서 취급한 것

   What is the English for the Korean *bongsunhwa?*

6. 주의를 끌기 위하여 인용한 어구

   Compare the phrases: *− in time; on time*

다음 구 in time과 on time의 차이를 설명하라.

7. 동식물 종속의 학명

   cuculus policephalus. 뻐꾹새

5. 제목(Titles) 붙이기

  짧은 논문 또는 저술의 제목은 첫 페이지의 중앙에 쓰되 손으로 쓸 경우에는 글의 시작하는 부분과 1행을 띄우고 타이핑할 경우에는 적어도 4행을 띄운다. 중요한 단어는 관사와 짧은 접속사를 제외하고는 모두 대문자로 쓰되 원고의 첫머리에 쓰인 제목에는 밑줄을 긋거나 인용부호를 쓰지 않고, 원고 중간에 나타나는 책, 잡지, 희곡, 시, 이야기의 제목에는, 인쇄할 때 이탤릭체로 인쇄하도록 밑줄을 그어 표시한다. 때로는 이런 규칙에 변형을 가할 수도 있는데 예를 들면, 신문에는 식자의(typesetting) 복잡성을 덜기 위하여 이탤릭체를 사용하지 않는다.

5. 한글의 로마자 표기법

1. 모음

ㅏ	ㅑ	ㅓ	ㅕ	ㅗ	ㅛ	ㅜ	ㅠ	―	ㅣ	
a	ya	eo	yeo	o	yo	u	yu	eu	i	
ㅐ	ㅒ	ㅔ	ㅖ	ㅚ	ㅟ	ㅘ	ㅝ	ㅙ	ㅞ	ㅢ
ae	yae	e	ye	oe	wi	wa	wo	wae	we	ui

2. 자음

ㄱ	ㄴ	ㄷ	ㄹ	ㅁ	ㅂ	ㅅ	ㅇ	ㅈ	ㅊ
g/k	n	d/t	r/l	m	p/b	s	ng	j	ch
ㅋ	ㅌ	ㅍ	ㅎ	ㄲ	ㄸ	ㅃ	ㅆ	ㅉ	
k	t	p	h	kk	tt	pp	ss	jj	

3. 주의할 점

1. 장모음의 표기는 따로 하지 않는다.
2. ㄱ, ㄷ, ㄹ, ㅂ은 모음 앞에서 g, d, r, b로 자음 앞이나 낱말 끝에서는 k, t, l, p로 각각 적는다.
   예) 광주 Gwangju, 옥천 Okcheon
3. 발음상 혼동하기 쉬운 경우엔 음절 사이에 붙임표(－)를 쓸 수 있다.
   예) 중앙 Jung－ang, 세운 Se－un, 해운대 Hae－undae
4. 고유명사는 첫 글자를 대문자로 적는다.
   예) 부산 Busan, 세종 Sejong
5. 인명의 고유명사는 다음 두 가지 형태로 쓸 수 있다.
   예) 홍길동 Gil Dong, Hong/Hong Gil－dong

【확인학습】 다음 우리말 이름을 한글 로마자 표기법을 참고하여 써 보세요.

1) 김지호		2) 한복남	
3) 유미애		4) 이철수	
5) 태권도		6) 유 도	
7) 경기도		8) 제주도	
9) 새마을		10) 세계화	
11) 금강산		12) 성균관	

6. 기본 문형(5형식)

1. I go there every year.   {S + V}

2. His father is an engineer.   {S + V + C}

3. I can speak English well.   {S + V + O}

4. He told us an interesting story.   {S + V + I, O + D, O}

5. We call him John.   {S + V + O + C}

[참조]

문장은 동사의 종류에 따라 주요소의 구성이 결정된다. 동사가 다음과 같이 5가지로 분류됨에 따라, 문장도 5형식으로 분류할 수가 있다. 이것을 기본문형 또는 문장의 5형식이라 한다.

자동사   완전자동사

불완전자동사   [주격보어 필요]

동사

타동사   완전타동사   단일목적어/수여동사

불완전타동사   [목적보어 필요]

***목저어의 유무**에 따라서 자동사와 타동사로 나눈다.

자동사: 목저어가 필요하지 않는 동사

타동사: 목적어가 필요한 동사

***보어의 유무**에 따라서 완전동사와 불완전동사로 나눈다.

완전동사: 보어가 필요하지 않는 동사

불완전동사: 보어가 필요한 동사

*주의해야 할 동사의 용법

1) Wish, expect 동사는 3형식, 5형식 둘 다 가능.

2) like, want 동사는 3형식, 5형식 둘 다 가능하지만 3형식 때 **that절을**

목적어로 취할 수 없다.

3) hope 동사는 3형식 동사(5형식 불가능)

예문

1. I wish you would stop fighting(3형식).

  ＝I wish you to stop fighting(5형식).

2. I like to swim(3형식)(O).

  I like that you stay here with me(3형식)(X).

  I like you to stay here with me(5형식)(O).

3. I want(that) you don't speak ill of him(3형식)(X).

  I want you not to speak ill of him(5형식)(O).

4. I hope(that) he will succeed(3형식)(O).

  I hope him to succeed(5형식)(X).

5. I expect to see her(3형식).

  I expect you to see her(5형식).

7. 문장의 종류

1. 의미상에 따른 문장의 종류(Kinds of sentence)

1. He lives in Seoul.　　She doesn't live in Seoul.	[평서문]
2. ⓐ Can you speak English?　　Yes, I Can.	[보통의문문]
Do you like bananas?　　No, I don't.	
ⓑ Where is he?　　He is in the room.	[의문사의문문]
ⓒ Will you go to Dae－gu by bus or by train?	[선택의문문]
ⓓ You like apples, don't you?	[부가의문문]
ⓔ Do you know who he is?	[간접의문문]

ⓕ Who does not love his country?   [수사의문문]

3. Open the window, please.   Don't close the door.   [명령문]

   Let me know the news.   Let's go to the movies.

4. How pretty the girl is!   What a pretty girl she is!   [감탄문]

5. May you live long!   God bless my child!   [기원문]

2. 구조상에 따른 문장의 종류

(1) 단문: '주부＋술부'의 관계가 단 하나로 된 문장이다(Simple sentence).

    ex) <u>You and he</u> <u>must go there.</u>

       주부   술부

(2) 중문: '단문＋단문'으로 이루어진 글, 즉 두 개 이상의 단문이 등위접
속사(and, but, or, for, so 등)로 결합된 문장이다. 이때 각각의 단문을
등위절이라 한다(Compound Sentence).

    ex) <u>I am a student,</u> <u>and</u> <u>he is a teacher.</u>

      등위절   접속사   등위절

(3) 복문: '주절＋종속절'로 이루어진 문장으로서, 종속절에는 명사절·형
용사절·부사절이 있다. 일반적으로 종속절은 종속접속사와 관계사로
연결된다(Complex Sentence).

    ex) <u>I know</u> <u>that he is a doctor.</u>   [that은 접속사]

      주절   종속절(명사절)

      <u>This is the book</u> <u>that he gave me.</u>   [that은 관계대명사]

       주절   종속절(형용사절)

      <u>If it is fine tomorrow.</u>   <u>will go on a picnic.</u>

      종속절(부사절)   주절

(4) 혼문: 중문과 복문이 혼합된 글을 말한다(Mixed Sentence).

    1. I get up early.   [단문]

    2. I get up early, **but** he gets up late.   [중문]

3. I get up **when** the sun rises. [복문]

4. I get up **when** the sun rises **but** he gets up too late. [혼문]

8. 팔품사와 품사의 변화

1. 품사(Parts of Speech)

1. The **boy** lives in **Seoul**. [명사]

2. **He** and **I** are good friends. [대명사]

3. I **went** to bed at 10:30 last night. [동사]

4. Do you know the **tall** gentleman? [형용사]

5. She can speak English **well**. [부사]

6. My mother gets up early **in** the morning. [전치사]

7. Is that a wolf **or** a dog? [접속사]

8. **Oh**, it's a very good idea. [감탄사]

2. 품사의 변화

1. (1) They **work** hard in the field every day. [동사]

   (2) They can do the **work**. [명사]

2. (1) I brush my teeth **after** I have breakfast. [접속사]

   (2) I brush my teeth **after** breakfast. [전치사]

3. (1) He is **kind** to everyone. [형용사]

   (2) What **kind** of food do you like? [명사]

4. (1) I have a new **watch**(시계). [명사]

(2) You must **watch** the sheep(지켜보다). [동사]

5. (1) Let's go to the **clean** room(깨끗한). [형용사]

    (2) Let's go and **clean** the room(청소하다). [동사]

[참조]

☆ **mean**의 예

1) a man of a **mean** stature(중간키의 사람)

2) the golden(happy) **mean**(온건한 중도, 중용)

3) a man of **mean** birth(태생이 천한 사람)

4) a **mean** motive(비열한 동기)

5) He was **mean** over money(돈에 인색한).

6) What does this word **mean**?(무슨 의미?)

7) I **mean** to go there(~할 작정이다).

☆ **but**의 예

1. 등위접속사: 그러나(앞의 문장. 어구와 반대의미를 갖는 대등관계의 문, 구를 이끎.

    ex) He is an able man, **but** the problem is too hard for him.

2. 부사(＝only, just): 단지

    ex) If we do **but** try, much will be done.

3. 전치사(＝except, save): ~을 제외하고

    ex) There was nobody to be seen **but** him.

4. (의사) 관계대명사(that～not)

    ex) There is no rule **but** has some exceptions.

5. 명사(변명의미로 if, and, but 등이 보통 관용적으로 함께 씀.)

    ex) You must carry out it without any ifs and **buts**.

9. 구와 절(Phrase & Clause)

1. 구의 종류

1. To get up early is good for your health. <명사구>
2. Look at the house on the hill. <형용사구>
3. My house is near the school. <부사구>

2. 절의 종류

1. He likes oranges, but I like apples. (대등/등위절)
2. ⓐ I think that he is honest. (명사절)

   ⓑ This is the girl who gave me a book. (형용사절)

   ⓒ We brush our teeth after we have breakfast. (부사절)

〈비교〉 Word → Phrase→ Clause → Sentence → Paragraph → Article/Essay/Feature

[참조] 1) I don't know what to do. (O)

　　　　 I don't know what I should do. (△)

　　 2) I don't know whom to ask.

　　 3) He is learning (how) to swim.

10. 문장의 요소

1. 주부(Subject)와 술부(Predicate)

주 부	술 부
Birds (새들이	sing. 지저귄다.)
The boy in the room (방 안에 있는 그 소년은	is very diligent. 아주 부지런하다.)
They (그들은	study English hard. 영어를 열심히 공부한다.)

※ 문장은 일반적으로 그 주제가 되는 주부(Subject)와 그 주부에 대하여 설명하는 술부(Predicate)로 이루어진다.

가장 간단한 문장은 주부와 술부가 각각 한 개의 낱말로 이루어지지만, 일반적으로 수식어가 덧붙어서 복잡해진다.

2. 문장의 요소

1. Little birds sing merrily in the sky.

2. Some girls of our class like music.

3. She looks very happy.

4. He gave me a book.

5. He made her happy.

해석

1. 작은 새들이 공중에서 즐겁게 지저귄다.　　　　　　　[주어, 동사]

2. 우리 학급의 몇몇 소녀들은 음악을 좋아한다.　　[주어, 동사, 목적어]

3. 그 여자는 무척 행복하게 보인다.   [주어, 동사, 보어]

4. 그가 내게 책 한 권을 주었다.   [주어, 동사, 간접목적어, 직접목적어]

5. 그는 그녀를 행복하게 해 주었다.   [주어, 동사, 목적어, 보어]

주어 · 동사 · 목적어 · 보어는 문장을 이루는 데 있어서 필요한 것이므로, 이를 문장의 4요소라고 한다.

〈Practice〉

1. 나는 어제 집에 있었다.

2. 나는 의사였다.

3. 나는 아침 일찍 일어난다.

4. 나는 그가 공부하기를 원한다.

5. 나는 그가 공부하는 것을 보았다.

6. 나는 그가 공부하고 있는 것을 보았다.

7. 나는 무엇을 해야 할지 모른다.

8. 나는 그가 정직하다는 사실을 안다.

9. 나는 그에게 상자를 만들어 주었다.

10. 나는 그를 의사로 만들었다.

11. 그녀는 행복하지요?(그녀는 행복합니다. 그렇지 않아요?)

12. 오늘은 날씨가 좋지요?(오늘은 날씨가 좋습니다. 그렇지 않아요?)

13. 당신 피곤하지요?(당신은 피곤하죠. 그렇지 않아요?)

14. 당신은 아프지 않죠?

15. 당신은 졸리지요?

〈Note〉 –

Chapter 3

영작에 필요한 통사적 구조(Structure)

1. 시제
2. 관사
3. 전치사
4. 접속사
5. 태
6. 법
7. 준동사
8. 일치
9. 문장전환
10. 총괄 평가

1. 시제(Tense)

⟨12 Tense⟩

1. 나는 책을 쓴다.

2. 나는 책을 썼다.

3. 나는 책을 쓸 것이다.

4. 나는 책을 다 썼다.

5. 나는 책을 다 썼었다.

6. 나는 책을 다 써 놓을 것이다.

7. 나는 책을 쓰고 있다.

8. 나는 책을 쓰고 있었다.

9. 나는 책을 쓰고 있을 것이다.

10. 나는 죽 책을 쓰고 있다.

11. 나는 그때까지 죽 책을 쓰고 있었다.

12. 나는 그때까지 책을 쓰고 있을 것이다.

⟨Practice⟩

☆ 다음을 영작하라.

1. 그는 영어로 편지를 쓴다.

2. 그는 영어로 편지를 쓸 수 있다.

3. 나는 학교에 종종 결석하곤 했다.

4. 오늘은 3월 27일이다.

5. 아버지는 종종 나에게 약간의 사과를 사 주시곤 하였다.

6. 비가 한 달 동안 계속 오고 있다.

7. 나에게 우유 한 잔 갖다 주겠니?

8. 내가 커피 한 잔 갖다 드릴까요?

9. 벌써 편지 다 썼니?

10. 나는 런던에 가 본 적이 있다.

11. 나는 아버지를 전송하기 위해 서울역에 갔다 왔다.

12. 그는 미국에 가 버렸다.

13. 그는 한 달 동안 앓아 왔다.

14. 여름은 갔다.

15. 당신은 곧 성공할 것이다.

〈Note〉 -

2. 관사(Article)

☆ 다음을 영작하라.

1. 그는 학생이다.

2. 일 년에 사계절이 있다.

3. 어떤 노인이 당신을 만나러 왔다.

4. 우리는 모두 같은 나이다.

5. 나는 부모님께 한 달에 한 번 편지를 쓴다.

6. 개는 충실한 동물이다.

7. 나는 소녀를 보았다. 그 소녀는 예뻤다.

8. 문 좀 열어 주시오.

9. 탁자 위에 있는 펜은 나의 것이다.

10. 태양은 달보다 크다.

11. 일요일은 일주일의 첫째 날이다.

12. 개는 충실한 동물이다.

13. 부자들이 반드시 행복한 것은 아니다.

14. 그는 나의 손을 잡았다.

15. 나는 아침에 일찍 일어난다.

16. 그는 매우 정직한 소년이다.

17. 소년들 모두가 정직하다.

18. 그것은 참으로 예쁜 인형이구나!

19. 그녀가 그런 남자와 결혼하다니 바보임에 틀림없다.

20. 어머니, 우유 좀 주세요.

21. 박정희 대통령은 한국을 훌륭한 나라로 만들었다.

22. 나는 학교에 버스로 간다.

〈Note〉 –

3. 전치사(Preposition)

☆ 다음을 영작하라.

1. 나는 그와 함께 학교에 간다.

2. 나는 선생님인 것을 자랑으로 여긴다.

3. 언덕 위에 있는 집은 아름답다.

4. 언덕 위에 집이 있다.

5. 나는 매일 버스로 학교에 간다.

6. 나는 그와 함께 슈퍼마켓에 갔다.

7. 그는 작별 인사 없이 가 버렸다.

8. 그는 막 떠나려 했다.

9. 방과 후, 우리는 야구를 했다.

10. 그는 음악을 듣고 있습니다.

11. 당신은 무엇을 찾고 있습니까?

12. 이것은 그가 살고 있는 집이다.

13. 나는 같이 놀 친구가 없다.

14. 그 개는 트럭에 치였다.

15. 나는 아침 일찍 일어난다.

16. 고양이가 탁자 밑에서 뛰어나왔다.

17. 나는 그 건물 앞에서 그를 만났다.

18. 나는 내 생일에 파티 갖기를 원한다.

19. 나는 서울 신림동에서 산다.

20. 그는 감기 때문에 앓고 있다.

21. 그는 산책하러 나간다.

22. 그는 과로로 죽었다.

23. 책상은 나무로 만들어져 있다.

24. 그는 버스로 학교에 간다.

25. 설탕은 파운드로 팔린다.

〈Note〉 -

4. 접속사(conjunction)

☆ 다음을 영작하라.

1. 그와 나는 좋은 친구이다.

2. 나는 그가 정직하다고 생각한다.

3. 그뿐만 아니라 나도 바쁘다.

4. 그는 정직하고 부지런하다.

5. 그는 정직하지는 않지만 부지런하다.

6. 그는 정직합니까, 아니면 부정직합니까?

7. 탐과 잭은 정직하다.

8. 열심히 일하라, 그러면 당신은 성공할 것이다.

9. 착한 사람이 되어라, 그렇지 않으면 그들은 당신을 좋아하지 않을 것
   이다.

10. 오늘 저녁에 나를 보러 오십시오.

11. 나는 일본어뿐만 아니라 중국어도 말할 수 있다.

12. 탐과 잭 어느 쪽도 나쁘지 않다.

13. 내가 어렸을 때 나는 공부를 열심히 했다.

14. 당신이 어디를 가든 간에 당신은 나를 잊지 못할 것이다.

15. 내일 날씨가 좋다면 나는 여기에 머물 것이다.

16. 그는 피곤하므로 잠자리에 들기를 원한다.

17. 만일 당신이 나를 사랑한다면 나는 당신을 사랑하겠다.

18. 그 여자는 너무 부지런해서 모든 사람에게 사랑을 받는다.

19. 그 여자는 나의 어머니만큼 아름답지 못하다.

20. 나는 학교에 늦지 않으려고 일찍 일어났다.

21. 나는 일어나자마자 이를 닦고 세수를 했다.

22. 그가 의심이 나면 언제든지 나에게 묻곤 한다.

〈Note〉 -

5. 태(voice)

☆ 다음을 영작하라.

1. 나는 그녀를 사랑한다.

2. 그녀는 나에게 사랑받는다.

3. 나는 그에게 집을 만들어 주었다.

4. 집이 나에 의하여 그에게 만들어졌다.

5. 나는 그를 선생님으로 만들었다.

6. 그는 나에 의하여 선생님이 되었다.

7. 책이 그에 의하여 쓰인다.

8. 책이 그에 의하여 쓰였다.

9. 책이 그에 의하여 쓰일 것이다.

10. 책이 그에 의하여 쓰였다.

11. 책이 그에 의하여 쓰였었다.

12. 책이 그에 의하여 쓰일 것이다.

13. 책이 그에 의하여 쓰이고 있다.

14. 책이 그에 의하여 쓰이고 있었다.

15. 쥐가 고양이에게 잡혔다.

16. 나는 나의 선생님에게 사랑을 받는다.

17. 그 책은 그에 의해 쓰이지 않았다.

18. 영어는 캐나다에서 사용된다.

19. 상자 안에는 많은 사과가 가득 차 있다.

주의해야 할 수동태 표현 정리

1. 그는 시인으로 알려져 있다.

2. 사람은 사귀고 있는 친구를 보고 알 수 있다.

3. 그 시민은 모든 사람에게 알려져 있다.

4. 그는 그녀와 2005년에 결혼했다.

5. 그는 강도에게 살해되었다.

6. 그는 권총으로 살해되었다.

7. 그의 집은 언덕 위에 위치해 있다.

8. 이 소설은 잘 팔린다.

9. 나는 그것을 그런 방법으로 할 수 없다는 말을 들었다.

10. 나는 그에게서 책 한 권을 받았다.

〈Note〉 –

6. 법(Mood)

1. 나는 아침 7시에 학교에 간다. <직설법>

2. 아침 7시에 학교에 가라. <명령법>

3. 네가 7시에 학교에 가지 않으면, 늦을 것이다. <가정법>

4. 내일 비가 오면 나는 집에 머물 것이다.

5. 혹시라도 내일 비가 오면 나는 하루 종일 집에 머물 것이다.

6. 만일 내가 새라면 너에게 날아갈 텐데.

7. 만일 내가 새였더라면 너에게 날아갔을 텐데.

8. 아름답다면 좋겠는데.

9. 그 여자는 아픈 것처럼 보인다.

10. 물이 없다면 아무것도 자랄 수 없을 것이다.

11. 어제 비가 오지 않았더라면 오늘 길이 진흙은 아닐 텐데.

12. 그가 영어로 말하는 것을 들으면 당신은 그를 미국인으로 착각할 것이다.

13. 태양이 서쪽에서 뜬다 해도 나는 결코 마음을 바꾸지 않겠다.

14. 당신은 그가 어디에 사는지 아십니까?

15. 나의 남편이 지금 죽는다면 세 자녀의 교육을 어떻게 시킬까?

16. 무슨 일을 할지라도 최선을 다하라.

17. 밤에 너무 늦게 외출하지 마라.

18. 내가 부자라면 좋을 텐데.

19. 내가 새라면 당신에게 날아갈 텐데.

20. 그는 자기가 과학자인 것처럼 말한다.

21. 그가 가난했더라면 대학에 가지 못 했을 텐데.

22. 아저씨의 도움이 없었더라면 나는 성공하지 못 했을 텐데.

〈Note〉 -

7. 준동사(Verbal : Infinitive/Gerund/Participle)

☆ 다음을 영작하라.

1. 나는 영어를 열심히 공부하기를 원한다.

2. 나는 네가 영어를 열심히 공부하기를 원한다.

3. 나는 그에게 창문을 열라고 말했다.

4. 나는 그가 편지 쓰고 있는 것을 보았다.

5. 그가 영어를 공부하는 것은 쉽지 않다.

6. 나는 여름에 수영하기를 좋아한다.

7. 나는 그가 수영하기를 원한다.

8. 나는 그가 수영을 잘하리라 확신한다.

9. 나의 취미는 겨울에 스케이트를 타는 것이다.

10. 나는 의사였던 것을 자랑스럽게 여긴다.

11. 나는 어머니와 함께 슈퍼마켓에 갔다.

12. 나는 어제 파티에서 친구 만날 것을 잊었다.

13. 나의 어머니는 부엌에서 요리하시느라 바쁘십니다.

14. 그는 편지 쓰기를 마쳤다.

15. 그는 중국어 배우기를 시작하였다.

16. 방에서 자고 있는 아기는 나의 남동생이다.

17. 나는 자고 있는 아기를 보았다.

18. 그는 울면서 왔다.

19. 나는 그가 달리고 있는 것을 보았다.

20. 나는 그가 달리는 것을 보았다.

21. 피곤하므로 나는 오늘은 집에 머물러 있고 싶다.

22. 오늘은 날씨가 좋으므로 그는 소풍 가기를 원한다.

23. 저녁 식사 후 나는 텔레비전을 보았다.

24. 그를 보았을 때 그녀는 도망쳤다.

25. 거리를 걷고 있는 동안 나는 그를 만났다.

〈Note〉 –

8. 일치(Agreement)

☆ 다음을 영작하라.

1. 사과들의 2/3가 썩었다.

2. 그 당시 그의 나이는 지금의 나의 나이와 같았다.

3. 한국은 경치로 유명하다.

4. 우리는 그 죄지은 사람이 그라고 믿고 있다.

5. 모든 사람이 자신이 시도해 보고서야 무엇을 할 것인지를 아는 법이다.

6. 그와 당신 중에서 한 사람은 잘못이다.

7. 그와 나 중에서 아무도 잘못이 없다.

8. 로미오와 줄리엣은 셰익스피어에 의해 쓰인 유명한 희곡이다.

9. 나는 영어뿐만 아니라 불어도 말할 수 있다.

10. 나는 영어는 물론 불어도 말할 수 있다.

11. 나의 학급은 큰 학급이다.

12. 나의 학급의 학생들은 모두 부지런하다.

13. 모든 소년과 소녀는 영어를 배우고 있다.

14. 각 소년과 소녀는 책상을 가지고 있다.

15. 수학은 우리가 공부하기에 어렵다.

16. 그는 내가 정직하다고 믿는다.

17. 그는 내가 정직하다고 믿었다.

18. 그는 태양이 달보다 더 크다고 믿었다.

19. 당신은 누가 라디오를 발명했는지 압니까?

20. 그는 그녀가 매일 아침에 산책을 한다고 말했다.

21. 나의 가족은 모두가 바쁘다.

22. 너와 나 중에서 하나는 나쁘다.

23. 그는 그 여자가 정직하다고 생각한다.

24. 그는 그 여자가 정직하다고 생각했다.

25. 당신뿐 아니라 그 여자도 아름답다.

〈Note〉 -

9. 문장전환(Transformation of sentence)

☆ 다음을 영작하라.

1. 부지런해라, 그러면 성공할 것이다.

2. 그 일을 마치도록 노력하라, 그렇지 않으면 너는 불행할 것이다.

3. 나는 어제 피곤해서 잠자리에 일찍 들었다.

4. 바쁘지만 너를 만나러 가겠다.

5. 비가 온다면 나는 집에 머물러 있겠다.

6. 나는 그가 성공하기를 원한다.

7. 나는 그가 성공하리라 확신한다.

8. 나는 영어를 배우는 것이 어렵다고 생각한다.

9. 나는 다음에 무엇을 해야 할지 모르겠다.

10. 그가 일주일에 책을 다 읽는다는 것은 불가능하다.

11. 거리를 따라 걷고 있는 동안 나는 그를 만났다.

12. 비가 와서 나는 외출을 포기했다.

13. 그 소식을 듣자마자 그는 깜짝 놀랐다.

14. 당신의 도움이 없다면 그는 성공할 수 없을 텐데.

15. 나는 어디로 가야 할지 모른다.

16. 그는 정직한 것으로 믿어진다.

17. 비 때문에 나는 하루 종일 집에 있었다.

18. 나는 너무 피곤해서 잠자리에 들기를 원한다.

19. 나는 대학을 가기 위해서 열심히 공부했다.

20. 나는 내가 산 그 유명한 사전을 나의 아들에게 주었다.

〈Note〉 -

10. 총괄 평가

1. 총괄 평가 A

☆ 다음을 영작하라(어법 준수).

1. 눈이 일주일 동안 계속 내리고 있다.

2. 나는 결코 미국에 가 본 적이 없다.

3. 나는 다음 달 말까지 죽 소설을 쓰고 있을 것이다. <미래완료형>

4. 제가 차 한 잔 가져다 드릴까요?

5. 나는 경기도 분당에 3년 동안 살고 있다

6. 가난한 사람들이라고 반드시 불행한 것은 아니다.

7. 그가 그런 여자와 사귀다니 어리석음에 틀림없구나.

8. 지구는 태양 주위를 돈다.

9. 그가 나의 얼굴을 바라보았다.

10. 엄마가 나의 어깨를 두들겨 주셨다.

11. 장미꽃이란 아름다운 꽃이다.

12. 책상 밑에 있는 책들은 그녀의 것이다.

13. 여름이 가고 가을이 왔다.

14. Jones 씨라는 사람이 그제 너를 보러 왔다.

15. 고기는 그램당 팔린다.

16. 그는 병으로 죽었다.

17. 포도주는 포도로 만든다.

18. 나는 나를 도와줄 친구가 없다.

19. 나는 매일 도보로 학교에 다닌다.

20. 이것이 그가 살고 있는 아파트이다.

21. 프랑스 사람들은 프랑스어로 말한다.<수동형>

22. 나는 그녀를 간호사로 만들었다.<수동형>

23. 그가 그녀에게 책 한 권을 사 줄 것이다.<수동형>

24. 그 소설이 그에 의해 쓰일 것이다.<수동형>

25. 그의 서재는 많은 책들로 가득 차 있다.<수동형>

26. 그것을 당장 하시오.<수동형>

27. 누가 그 책을 쓸까요?<수동형>

28. 오늘은 2007년 10월 17일이다.

29. 너는 점점 세상사에 더 많은 관심을 갖게 될 것이다.

30. 당신은 머지않아 틀림없이 성공할 것이다.

〈Note〉 -

2. 총괄 평가 B

1. 너와 그 어느 쪽도 나쁘지 않다.

2. 그는 매우 피곤해서 일찍 잠자리에 들기를 원했다.

3. 그는 나의 형만큼 영리하지 못했다.

4. 물과 공기가 없다면 어떤 생명체도 살 수 없을 텐데.

5. 어제 비가 오지 않았더라면 오늘 아침 길이 진흙투성이는 아닐 텐데.

6. 나의 부모님이 지금 당장 돌아가신다면 내가 어떻게 대학을 졸업할 수 있을까?

7. 태양이 서쪽에서 뜬다 할지라도 나는 결코 생각을 바꾸지 않겠다.

8. 그는 미국 사람처럼 말한다.

9. 내가 그 당시에 부자였더라면 좋았을 텐데.

10. 여자들은 음식 만들기는 좋아해도 설거지는 싫어한다.

11. 그가 결점은 있지만 그래도 역시 나는 그를 좋아한다.

12. 시도해 보지 않고는 아무도 무엇을 해야 할지 모른다.

13. 그녀는 학업 성적은 좋지만, 반면에 운동은 전혀 할 줄 모른다.

14. 그는 우리 반에서 1등이다. 게다가 운동도 제일 잘한다.

15. 오직 그녀만이 그 사실을 알고 있다(alone 사용).

16. 이 책값은 매우 비싸다(price를 주어로).

17. 단 한 사람도 그 사실을 알지 못했다.

18. 그는 그 장면을 상세히 설명했다(연어법 사용).

19. 1990년대 말 수출이 현저하게 감소되었다.

20. 우리는 그가 친절한 사람이라고 생각했다. 그런데 친절은커녕 그는 매우 잔인한 사람이었다.

〈Note〉 –

Chapter 4

특수 구문 및 언어적 특징

1. 특수 구문
2. 언어적 특징

1. 특수 구문

* Inversion

1. 그는 나이가 들수록 술을 더 마신다.

2. 결코 그는 당신을 보리라고는 꿈도 꾸지 않았다.

3. 아래로 그 남자가 내려왔다.

4. 우리가 또다시 만날 날이 올 것이다.

5. 우리가 할 수 있는 많은 일들이 남아 있다.

6. 그는 자신이 바쁘다고 나에게 말했다.

7. 중요한 것은 너의 재산이 아니라 인격이다.

* Emphasis

1. 나는 당신이 나를 도와주기를 간곡히(정말로) 바란다.

2. 이것이 내가 찾고 있는 바로 그 책이다.

3. 도대체 당신 무슨 말 하는 거요?

4. 그는 매우 정신 집중하고 있다.

5. 그는 그녀보다 훨씬 더 키가 크다.

* Ellipsis

1. 일부의 사람들에게 인생은 즐거움이지만 다른 사람들에게는 고통이다.

2. 주차금지

3. (아침인사) 안녕하세요.

4. 그녀는 당신이 열심히 일하는 만큼 열심히 일한다.

5. 가능하면 당신 꼭 그렇게 해 주세요.

〈Note〉 -

* Common Relation

1. 그의 힘은 예전 같지 않고, 예전 같을 수도 없다.

2. 우리는 가난한 사람들을 도울 수 있고 돕기도 해야만 한다.

3. 열정은 나이가 들면서 약해지고 습관만 강화된다.

4. 나의 엄마가 아니라 나의 형이 나와 함께 갔다.

5. 부자가 아니라 미덕 있는 자만이 우리의 존경을 받을 자격이 있다.

* Parenthesis

1. 당신은 그녀가 누구라고 생각하세요?

2. 내가 확신하기를 이것이 그의 말뜻이다.

3. 말하자면 그는 척척 박사다.

4. 내가 너에게 전에 말했던 것처럼 그는 매우 정직한 소년이다.

5. 친절했던 그 소년은 모든 이웃 사람들에게 사랑받았다.

* Apposition

1. 미국의 과학자 그레이엄 벨이 전화를 발명했다.

2. 그녀의 오빠 중 톰이 나의 친구이다.

3. 그녀의 오빠인 톰이 나의 친구이다.

4. 그가 부자라는 사실이 모든 사람에게 알려져 있다.

5. 그는 인생에서 단 하나의 목표는 부자가 되는 것이다.

〈Note〉 -

2. 언어적 특징

* Parallelism

1. 나는 무엇을 해야 할지, 어떻게 할지를 모른다.

2. 그녀는 맛있는 음식 먹기를 좋아하지만 요리하기는 싫어한다.

3. 셰익스피어는 시인이자 배우였다.

4. 아는 것과 가르치는 것은 다르다.

* Cohesion

1. 그는 숙제를 못 했다, 그래서 학교를 갈 수 없었다.

2. 그는 결점이 있지만 그래도 역시 나는 그를 좋아한다.

* Coherence

1. 시도해 보지 않고는 아무도 무엇을 해야 할지 모른다.

2. 그 소식이 한국 전역(전국방방곡곡)에 받아들여졌다.

3. 선생님은 우리에게 2차 세계대전이 1939년에 발발했다고 말씀하셨다.

4. 누구인지 나가 보아라.

5. 그는 나의 삼촌 집을 샀다.

* Terseness

1. 그가 집을 떠나 결코 돌아오지 않았다.

2. 키 큰 남자는 나의 사촌이다.

* Logicalness

1. 오직 당신만이 그 사실을 알고 있다.

2. 미국에서 영어 수업은 한국에서의 영어 수업과 다르다.

* Redundancy

1. 비행기 표 값이 매우 비싸다.

2. 이 냉장고의 무게가 가볍다.

* Negation

1. 어떤 사람도 그 사실을 아는 사람은 없다.

2. 단 한 사람도 실거리에 보이지 않았다.

* Collocation

1. 그는 조용히 모습을 드러내었다.

2. 그는 그 장면을 상세히 설명했다.

* Miscellany

1. A: 서울과 시카고 사이의 시간차는 어떻게 다른가?

   B: 서울이 오후 7시일 때 시카고는 오전 5시.

2. 수출이 1990년대 동안 현저히 증가되었다.

Chapter 5

주제별 단락 영작

1. 다음 예시를 참조하여 'My University'에 대해 100단어 내외로 영작하라.

〈예시〉: 'Our High School'

Our school stands on a hill and commands a good view of our whole city. It has about 1500 students and thirty teachers. It was founded 52 years ago and is famous all over the country. Our school boasts of its baseball team, which has won the nation-wide high school baseball championship for several years. As our school is an academic high school, all the students are much concerned with college entrance examinations. We are all studying very hard to keep up the reputation of our school.

[Composition]: 'My University'

____

____

____

____

____

____

____

____

____

2. 다음 예시를 참조하여 'My Father'에 대해 100단어 내외로 영작하라.

〈예시〉:　'My Mother'

My mother is 45 years old and has two sons and one daughter. She likes to stay at home and seldom goes out to see movies or buy things at department stores. But she does not fell unhappy, for she enjoys cooking, sewing and washing. Whenever her friend comes to see her, she likes to talk with her as long as possible about various things. Of these, she is most interested in the problem of women, perhaps because she is always thinking of the future of her only daughter.

[Composition]:　'My Father'

3. 다음 예시를 참조하여 'My Family'에 대해 100단어 내외로 영작하라.

〈예시〉: 'My Family'

My family is large. It consists of eight, of whom I am the youngest. Grandfather is very proud that it has been an honorable and respectable family in Seoul for eleven generations. We are all very democratic and respect each other. We often discuss various problems and every member of the family is encouraged to express his or her opinions on them. My family is a really happy one.

[Composition]: 'My Family'

4. 다음 예시를 참조하여 'Our country'에 대해 100단어 내외로 영작하라.

〈예시〉: 'My Hometown'

My hometown is a small place in Gangwon-do. The town has a population of about nine hundred and most of the townspeople are farmers. Though they are not rich, they live a contented and cozy life. In a sense they are proud of being honest farmers in a quiet, beautiful town. I love my hometown so much that I am afraid I might fell homesick when I study in Seoul, so noisy and crowded a place.

[Composition]: 'Our Country'

____

____

____

____

____

____

____

____

____

____

5. 다음 예시를 참조하여 'My hobby'에 대해 100단어 내외로 영작하라.

〈예시〉: 'My Hobby'

My hobby is collecting postage stamps. My collection amounts to some 600 stamps, among which there are some quite rare ones. My hobby has enabled me to make many friends all over the world. They send me their beautiful and interesting stamps, and I send them ours. Through our common hobby our friendship is deepening and our appreciation of each other's culture is growing. Whenever I see my collection, I feel as if I were reading a human history and enjoying a pleasant chat in a human family.

[Composition]: 'My Hobby'

____

____

____

____

____

____

____

____

____

____

6. 다음 예시를 참조하여 'Spring'에 대해 100단어 내외로 영작 하라.

〈예시〉:　'Autumn'

Autumn is a very beautiful season. Most of the trees change color and shed their leaves. Farmers are busy harvesting in the fields. Orchards are beautiful with ripe apples and persimmons. Autumn is said to be a good season for reading. We read far into the night, listening to the melancholy chirpings of the crickets. True, autumn is a season of the clear sky and mellow fruitfulness.

[Composition]:　'Spring'

____

____

____

____

____

____

____

____

____

____

7. 다음 예시를 참조하여 'Friendship'에 대해 100단어 내외로 영작하라.

〈예시〉: 'Friendship'

There is a saying that a friend in need is a friend indeed. A true friend helps us when we are in need or in trouble. Sometimes we are disappointed and feel sad to find a man whom we thought to be a true friend fail to come up to our expectations.

A true friend is better than twenty followers in our time of prosperity. We wish to have a friend who can share with us sorrows as well as joys.

[Composition]: 'Friendship'

8. 다음 예시를 참조하여 'My First Love'에 대해 100단어 내외로 영작하라.

〈예시〉: 'Love'

I cannot forget my mother's love. My father died when I was five years old, and so my mother had to work very hard to support her family. One day when I was a little schoolboy, I saw a friend of mine riding a brand－new shiny bicycle. I had no bicycle, so I teased my mother for one, and at last I began to cry. I think then she was very pressed for money; she was looking at me sorrowfully with her eyes filled with tears. Suddenly she hugged me to her breast without any words. On the evening of that day she bought me a new bicycle, but I do not know how she got the money ‥‥‥ It has been three years since my dear mother died.

[Composition]: 'My First Love'

____

____

____

____

____

____

____

____

9. 다음 예시를 참조하여 'The Importance of Health'에 대해 100단어 내외로 영작하라.

〈예시〉: 'Health'

Health is well said to be better than wealth. Without health we can do nothing. However, we sometimes meet so many silly people who act as if wealth were above health. It is also a pity that some students pay no attention to their precious health to get a few more marks in their examinations. These people realize only too late that health is above everything else in life.

[Composition]: 'The Importance of Health'

10. 다음 예시를 참조하여 'Time'에 대해 100단어 내외로 영작 하라.

〈예시〉: 'Time'

Time passes day and night. Time passes like an arrow. No man can stop it. This is very well known to everybody, but we find too many old people who regret that they did not work harder when they were young. Therefore, we younger people should not waste time; we should make the most of our spare time.

[Composition]: 'Time'

____

____

____

____

____

____

____

____

____

____

____

11. 다음 예시를 참조하여 'The Plan of My Future'에 대해 100단어 내외로 영작하라.

〈예시〉: 'What I did yesterday'

Yesterday morning I came up to Seoul by train from my home in Busan. At the station my uncle was wating for me and I was taken by him to his house in Yongsan. All his family were glad to see me and encouraged me to do my best to pass the college entrance examination. In the evening I went to bed earlier than usual to have a good sleep.

[Composition]: 'The Plan of My Future'

12. 다음 예시를 참조하여 'which country would you like to visit, and why?'에 대해 100단어 내외로 영작하라.

〈예시〉:　'which country would you like to visit, and why?'

England is the country which I would like to visit most. The first reason is that I am so much interested in English literature that I wish to see places associated with the famous English men of literature and their works. The next reason is that I wish to see with my own eyes how English democracy is going on. I don't think book knowledge about democracy is sufficient.

[Composition]:　'which country would you like to visit, and why?'

테마별 영작문

1. 날씨 · 기후
2. 시간
3. 운동 · 취미
4. 건강
5. 어학
6. 독서
7. 여행 · 교통
8. 과학
9. 학교 · 교육
10. 정치 · 경제
11. 인생 · 철학
12. 일상생활

1 내일은 비가 올 것이다.

> *Hint* 비가 오다 = *will rain; will have rain*

---

2 내일은 날이 개일 것이다.

> *Hint* 날이 개다 = *have a fine day; be fine; clear up*

---

3 비가 오고 있다.

---

4 오늘 아침은 참 좋은 날씨군요.

> *Hint* 좋은 = *wonderful, beautiful, lovely*

---

5 날이 개일 것 같군요.

> *Hint* 같군요 = I think

---

6 금년은 예년보다 훨씬 더 춥습니다.

Hint 예년보다＝than usual

---

7 어제 저녁부터 눈이 내리고 있다.

Hint 현재완료진행형을 사용할 것.

---

8 내일 비가 오면 집에 있겠습니다.

Hint 집에 있다＝stay at home

---

9 내일 비가 오더라도 가겠습니다.

---

10 여러 시간 동안 비가 왔다.

Hint 여러 시간 동안＝for hours and hours; for many hours

---

11 내일 날씨가 좋으면 수영하러 가겠다.

Hint 수영하러 가다＝go swimming

---

12 오늘은 아침부터 비가 오고 있다.

> *Hint* 현재완료진행형을 사용할 것.

---

13 금년은 예년에 없이 추운 겨울이었다.

> *Hint* 예년에 없이 추운 = *unusually cold*

---

14 겨울이 가고 봄이 왔다. 날마다 날씨가 따뜻해지고 있다.

> *Hint* 날마다 = *day by day; every day*

---

15 금년은 예년보다 눈이 적었다.

> *Hint* 현재완료형을 사용할 것.

---

16 오늘은 매우 춥다. 눈이 오지 않았으면 좋겠는데.

> *Hint* 좋겠는데 = *hope*

---

17 점점 따뜻해지고 있다.

---

18 대체로 말해 이탈리아의 날씨는 온화하다.

---

19 지난 며칠 동안은 몹시 추웠다.

Hint 현재완료형을 사용할 것. 지난 며칠 동안＝*these few days*

---

20 어제는 날씨가 좋았는데 오늘은 흐리고 몹시 춥다. 내일은 눈이 올지 모르겠다.

Hint 모르겠다＝*I fear; I am afraid*

---

21 날씨가 좋아지면 곧 가겠다.

Hint 날씨가 좋아지다＝*the weather gets better*

---

22 오늘 밤은 눈보라가 칠 것이다.

Hint 눈보라＝*a snowstorm*

---

23 비가 그치면 내일 아침 출발할 예정입니다.

> *Hint* '비가 그치면'이라는 표현은 논리적으로는 미래완료형을 사용해야 하지만, 부사절 안에서 쓰이고 있기 때문에 현재형이나 현재완료형을 사용한다.

---

24 금년 겨울은 10년 만의 가장 추운 겨울이다.

---

25 영국의 날씨는 한국보다 온화하다.

---

26 폭설 때문에 우리는 출발을 연기했다.

> *Hint* 때문에 = *due to*, 연기하다 = *put off*, 폭설 = *a heavy snowfall*

---

27 날씨가 나빠서 우리는 출발하지 못했디.

---

28 어제는 비가 왔지만, 어제 밤엔 바람이 심하게 불고 오늘 아침엔 날이 갰다.

> *Hint* 심하게 불다 = *blow hard*

---

29 여기는 작년에 거의 눈이 오지 않았습니다.

Hint 눈이 오다＝*snow; have snow*

---

30 바람이 심하게 불어서 나갈 수 없었습니다.

Hint *so ～that*이나 *too ～to*의 구문을 쓸 것.

---

31 비가 그치면 좋으련만.

Hint 좋으련만＝*if only ～would*

---

32 하늘을 보니 내일은 비가 올 것 같다.

Hint 하늘을 보니＝*from the look of the sky; judging from the look of the sky.* ～일 것 같다＝*it is likely to ～*

---

33 안개 때문에 기차가 제시간에 도착하지 못했다.

Hint 제시간에＝*on time*

---

34 일 년 중 덥지도 춥지도 않은 날이 며칠이나 된다고 생각하십니까?

Hint 덥지도 춥지도 않은＝*neither hot nor cold*

---

35 계절의 변화가 없다면 우리의 생활은 매우 단조로울 것이다.

> *Hint* 계절의 변화＝*the changes of seasons*, 단조로운＝*monotonous*

---

36 앞으로는 점점 따뜻해지고, 다시 서리는 내리지 않겠지요.

> *Hint* 앞으로는＝*from now on*, 서리＝*frost*

---

37 오늘 날씨는 어떻습니까?

---

38 도중에 비를 맞지 않도록 우산을 가지고 가십시오.

> *Hint* 도중에＝*on the way*, 비를 맞다＝*be caught in a shower*

---

39 날씨가 좋을 때의 우산처럼 거추장스러운 것은 없다.

> *Hint* 거추장스러운＝*burdensome*

---

40 눈이 오는 것을 좋아하지 않는 어린이는 없다.

---

41 우리들이 그곳에 도착했을 때에는 아직도 비가 오고 있었다.

---

42 날씨만 좋으면 출발하겠습니다.

> *Hint* 날씨만 좋으면＝*weather permitting*

---

43 우리는 비가 오는 데도 불구하고 떠나지 않으면 안 되었다.

> *Hint* 불구하고＝*notwithstanding*

---

44 날씨에 상관없이 회의는 열린다.

> *Hint* 날씨에 상관없이＝*rain or shine; regardless of the weather*

---

45 일기예보에 의하면 내일은 눈이 오는 모양이다.

> *Hint* 일기예보에 의하면＝*the weather forecast says; according to the weather forecast*

---

46 금년은 날씨가 좋았으니 풍작이 되겠지요.

> *Hint* 풍작＝*a good harvest*

---

47 이처럼 좋은 날씨에는 집에 있지 않는 것이 좋다.

> *Hint* 이처럼 좋은 날씨에＝*on such a fine day*
> ～것이 좋다＝*you had better*

---

48 가뭄 때문에 농사를 버렸다.

> *Hint* 가뭄＝*drought*, 농사를 버리다＝*the crop has failed*

---

49 내일은 비가 오지 않으리라고 생각하지만, 만약 비가 오더라도 가겠다.

---

50 이처럼 추운 밤에는 밖에 나갈 마음이 내키지 않는다.

> *Hint* ～할 마음이 내키다＝*feel like ～ing*

---

51 이처럼 따뜻한 날엔 외투가 없어도 괜찮지요?

> *Hint* 없어도 되다＝*can do without*

---

52 이처럼 날씨가 좋은 날은 학교를 빼먹고 싶다.

> *Hint* 학교를 빼먹다＝*play hooky; play truant*

53　이처럼 비가 오는 날에 소풍을 간다는 것은 생각지도 못할 일이다.

Hint 생각지도 못할 일이다＝*I never think of ~ing*

54　그가 버스에서 내리자마자 비가 심하게 내리기 시작했다. 집이 그리 멀지 않았기 때문에 그는 급히 집으로 뛰어갔다.

Hint ～하자마자＝*hardly, ~when; as soon as ~* 등

급히＝*hurriedly*

55　금년은 벚꽃이 예년보다 좀 늦는 모양이다.

Hint 모양이다＝*it seems to me that ~; the cherry blossoms seem to ~*

56　눈에 보이는 것은 짙은 안개뿐이었다.

57　안개 낀 아침이었다. 그리고 바람은 거의 불지 않았다.

Hint 부대상황 *with*; 동시상황이나 객관적 상태

with + 目(능동의미) + ～*ing*(현재분사)

with + 目(수동의미) + *p.p*(과거분사)

1　나는 7년간 영어를 공부하고 있다.

2　그의 아버지가 돌아가신 뒤 10년이 된다.

3　방금 시계가 열두 시를 쳤습니다.

　　Hint　열두 시를 치다＝*strike twelve*

4　그는 내가 막 집을 떠나려고 하는 참에 나를 찾아왔다.

5　아무 때고 좋을 때 찾아오십시오.

　　Hint　아무 때고 좋을 때＝*whenever(any time) you like*

6   거기까지 걸어서 가는 데 두 시간가량 걸린다.

Hint 걸어서 = *on foot* 걸린다 = *it takes*

---

7   당신 생일은 4월 15일이지요?

---

8   학교까지는 걸어서 30분 걸리지만, 버스를 타면 10분도 채 안 걸려서 갈 수 있습니다.

Hint 10분도 채 안 걸려서 = *in less than ten minutes*

---

9   10분만 일찍 집을 떠났더라면 아침 5시 30분 버스 시간에 댈 수 있었을는지도 모른다.

Hint 시간에 대다 = *be in time*

---

10   "학교는 몇 시에 시작해서 몇 시에 끝납니까?"

"여덟 시 반에 시작해서 세 시에 끝납니다."

---

11   제 생일은 내주 월요일입니다.

---

12 며칠 전에 우연히 기차에서 그를 만났습니다.

  Hint 우연히 만나다 = *come upon*

---

13 그 배는 6월 상순에 하와이로 출범했다.

  Hint 출범하다 = *set sail*

---

14 학교에서는 대개 열두 시 반경에 점심을 먹는다.

  Hint 점심을 먹다 = *take lunch*

---

15 오는 토요일에는 수업이 없을 겁니다.

  Hint 수업 = *school*

---

16 형은 3월에 이 학교를 졸업합니다.

  Hint 졸업하다 = *graduate from*

---

17 오래간만입니다.

  Hint '당신을 오랫동안 보지 못했습니다.' 또는 '당신을 본 지 오래됐습니다.' 등으로 우리말을 바꿔서 영작할 것.

---

18 기차는 눈 때문에 약 한 시간가량 연착했다.

> *Hint* 약 한 시간 가량 연착하다＝*arrive about an hour behind*
>
> 때문에＝*on account of*

---

19 그가 언제 거기에 갔다고 생각하십니까?

---

20 일요일 오전 열 시부터 오후 네 시까지는 언제든지 집에 있습니다.

---

21 그에게 편지를 보낸 지 열흘이 되는데 아직 답장이 없다.

> *Hint* 그에게 편지를 보내다＝*write to him*

---

22 역에서 집까지는 3마일 거리니까 집에 가는 데 한 시간이 걸립니다.

---

23 이번 기차를 놓치면 꼬박 세 시간을 더 기다려야 합니다. 그러면 거기에는 오늘 도착하지 못하게 됩니다.

---

24 시험은 3월 18일부터 시작해서 3일간 시행되며, 그 결과는 4월 초순
에 발표될 것이다.

   Hint   시행되다＝*be held*, 초순＝*at the beginning*, 발표하다＝*publish*

---

25 오늘 밤에 출발합니다. 25일까지는 돌아올 수 있으리라고 생각합니다.

   Hint   까지＝*by*

---

26 그는 2주 동안 결석했다.

   Hint   결석하다＝*be absent from school*

---

27 그는 미국에 가기 전에 10년 동안 영어를 공부했다.

---

28 어제 10년 만에 친구를 만났다.

   Hint   10년 만에＝10년 동안 보지 못했던

---

29 오늘 오래간만에 스케이트장에 갔다.

   Hint   오래간만에＝오랫동안 가지 않았던

---

30 새 교사는 3월 말까지는 완성되어 있을 겁니다.

> *Hint* 교사 = *schoolhouse*, 완성하다 = *complete*
>
> 시제는 미래완료형의 수동태를 쓸 것.

---

31 우리 대학은 창설된 지 50년이 됐습니다.

> *Hint* 창설하다 = *found*

---

32 이 책을 일주일 혹은 그 정도에 다 읽어 내기는 어려울 것이다.

> *Hint* 1주일 혹은 그 정도 = *a week or so*, 읽어 내다 = *read through*

---

33 그들은 곧 결혼할 것이다.

> *Hint* 곧 = *soon; it will not be long before*, 결혼하다 = *get married*

---

34 신입생들을 위한 환영파티는 다음 월요일에 개최될 예정이다.

> *Hint* 환영하다 = *welcome party*, 신입생 = *new students*
>
> 예정이다 = *be to*, 개최하다 = *take place*

35 그 비행기는 파리로 향해 내일 아침 아홉 시에 김포공항을 출발할

예정이다.

Hint 예정이다＝*be to; be scheduled to*

---

36 지금은 바쁜 생활을 하고 있지만, 앞으로 몇 년 지나면 여행을 즐

길 수 있는 시간이 생길 것이다.

Hint 바쁜 생활을 하다＝*lead a busy life*, 여행을 즐기다＝*enjoy a trip*

---

37 내일은 아침 여섯 시 반에 출발하니까 오늘 밤은 일찍 잡시다.

Hint 자다＝*go to bed*

---

38 요즈음은 일 년 중 낮이 가장 짧은 때입니다. 다섯 시만 조금 지나

도 어두워집니다.

Hint 요즈음은 일 년 중 낮이 가장 짧은 때입니다.＝낮은 일
년 중 이때쯤이 가장 짧다.
일 년 중 이때쯤＝*at this time of the year*

---

39 이달 23일 오후 두 시에 환송회를 개최할 예정이다.

Hint 환송회＝*a farewell party*, 파티를 개최하다＝*give a party*

40　나는 지난 달 5년 만에 외국에서 돌아와서 한국이 몹시 달라진 것
에 놀랐다.

Hint　5년 만에＝*after a five years' absence*

외국에서 돌아오다＝*come home from abroad*

41　월말까지 돌려준다면 그걸 빌려 주겠다.

Hint　～다면＝*so long as; if*

42　기독교가 한국에 들어온 지 100년밖에 안 되지만, 한국의 사상과
문화에 막대한 영향을 끼쳤다.

Hint　기독교＝*Christianity,* 들어오다＝*be introduced*

영향을 끼치다＝*have influence upon,* 사상＝*thought*

43　가을이 되면 고향 생각이 나서 적어도 일 년에 한 번은 가고 싶어진다.

Hint　고향＝*native place,* 싶어지다＝*feel like ～ing*

44　사람을 알기 위해서는 일주일 동안 그와 함께 여행하기만 하면 된다.

Hint　～하기만 하면 된다＝*you have only to ～*

1 방과 후에 테니스를 했다.

   Hint 방과 후＝*after school*

---

2 수영을 좀 더 잘할 수 있었으면 좋겠는데.

---

3 저는 맥주보다 포도주를 더 좋아합니다.

   Hint 더 좋아하다＝*prefer; like better*

---

4 물리는 제가 좋아하는 과목 가운데 하나입니다.

   【*Hint*】 물리＝*physics*, 좋아하는＝*favorite*, 과목＝*subject*

---

5 나는 매일 적당한 운동을 하기로 하고 있습니다.

   Hint ～하기로 하다＝*make it a rule*, 적당한＝*moderate*, 운동＝*exercise*

---

6 클래식을 매우 좋아합니다..

> *Hint* 클래식 = *classical music*

---

7 텔레비전이 없는 집은 거의 없다.

> *Hint* 텔레비전 = *TV set*

---

8 적당한 운동은 건강에 좋다.

> *Hint* 적당한 운동 = *moderate exercise*

---

9 저는 야외 윈터 스포츠를 좋아합니다.

> *Hint* 야외 = *outdoor*

---

10 서울대학교가 3 대 1로 이겼다.

> *Hint* 3대 1로 이기다 = *win the match by the score of 3 to 1*

---

11 어제 운동회가 있었다.

> *Hint* 운동회 = *athletic meeting*, 있었다 = *took place*

---

12   방과 후 연세대학교와 농구시합을 했다.

> *Hint*   연세대학교 = *Yonsei university*
>
> 농구시합을 하다 = *have a basketball game*

---

13   "당신 취미는 무엇입니까?"

"우표수집입니다."

> *Hint*   취미 = *hobby*

---

14   내 동생은 곤충수집에 흥미가 있다.

> *Hint*   곤충 = *insect*

---

15   야구장은 팬으로 가득했다.

> *Hint*   야구장 = *stadium,*   팬 = *fan*

---

16   요즈음 젊은이들은 포크송에 미쳐 있다.

> *Hint*   요즈음 젊은이들 = *young people nowadays*
>
> 포크송 = *fork song,*   ~에 미쳐 있다 = *be crazy about ~*

---

17   나는 그림을 배우기 시작했습니다.

> *Hint* 배우기 시작하다＝*take up*

---

18   나는 방과 후 축구 구경을 했다.

> *Hint* 축구＝*soccer,* 구경하다＝*watch*

---

19   그는 테니스가 서툴다.

> *Hint* 서툴다＝*be bad at*

---

20   그는 뉴욕에 있을 때 일주일에 한 번씩 극장에 가곤 했다.

> *Hint* ～하곤 했다＝*used to ～*

---

21   어제 본 영화는 뜻밖에 재미있었다. 너도 보았으면 좋았을걸.

> *Hint* 영화＝*movies,* 뜻밖에＝*unexpectedly*
>
>   ～했으면 좋았을 걸＝*you should have ＋pp*

---

22   최근 그의 테니스는 눈에 띄게 늘었다.

> *Hint* 눈에 띄게 늘다＝*make remarkable progress*

---

23   쉬는 시간엔 밖에서 운동을 합시다.

> *Hint*   쉬는 시간＝*recess,* 밖에서＝*outdoors,* 운동을 하다＝*take exercise*

---

24   그는 남자 100미터 경주에서 일등을 했다.

> *Hint*   남자 100미터 경주＝*men's 100 meter dash,* 일등을 하다＝
> *finish first*

---

25   요즈음 젊은이들 사이에 테니스가 유행이다.

> *Hint*   유행이다＝*be popular*

---

26   나는 매일 아침 라디오 체조를 하고 있다.

> *Hint*   라디오 체조＝*radio gymnastics*

---

27   스포츠는 인격형성에 중요한 역할을 한다.

> *Hint*   인격형성＝*the development of character*
> 중요한 역할을 하다＝*play an important part*

---

28 어머니는 텔레비전에서 영화 보는 것을 좋아하신다.

> *Hint* 텔레비전에서 영화를 보다＝*watch movies on TV*

---

29 지난주 수요일에 체육대회가 있었으나, 유감스럽게도 감기 때문에

경기에 참가하지 못했다.

> *Hint* 체육대회＝*athletic sports*, 유감스럽게＝*to my great regret*
>
> 때문에＝*on account of*

---

30 시합은 오늘 있을 예정이었으나 비 때문에 다음 일요일로 연기됐다.

> *Hint* 시합＝*match*, 연기하다＝*put off*

---

31 우리는 오래간만에 하이킹을 갔다.

> *Hint* 오래간만에＝*after a long time*, 하이킹을 가다＝*go on a hike*

---

32 나는 매일 아침 식전에 15분간 산보를 한다.

> *Hint* 산보하다＝*take a walk*

33 나는 초등학교 6학년 때 수영을 배웠다.

> *Hint* 초등학교 6학년 때 = *in the sixth grade*

---

34 우리는 아무것도 할 일이 없을 때 시간을 보내기 위해서 텔레비전

을 보는 일이 많다.

> *Hint* 시간을 보내다 = *to kill time,* 보는 일이 많다 = 자주 본다

---

35 우리들 가운데는 운동을 싫어하는 사람들이 있다.

---

36 텔레비전 덕택으로 마치 현장에 있듯이 올림픽을 구경할 수 있다.

> *Hint* 덕택으로 = *thanks to,* 마치 = *as if*
> 올림픽 = *the Olympics,* 구경하다 = *watch*

---

37 텔레비선은 우리에게 필요불가결한 오락과 정보를 제공해 준나.

> *Hint* 필요불가결한 = *indispensable,* 오락 = *entertainment*

38　밖에서 운동을 하고 난 뒤에 샤워를 하는 것처럼 상쾌한 것은 없다.

39　나에게 걷는 것은 운동인 동시에 사색이다.

40　오늘날 텔레비전이 없는 생활은 상상할 수가 없다. 텔레비전만큼 영향력을 가진 정보전달의 수단은 없으니까, 텔레비전을 멀리하지 말고 오히려 가능한 한 이용해야 한다.

41　스포츠가 젊은이들에게 필요한 이유 가운데 하나는 공명정대한 정신을 배울 수 있는 가장 좋은 기회를 갖게 되기 때문이다.

---

42 나는 어릴 때부터 운동을 좋아했으며, 학생시절에는 특히 수영에 열중했다. 그 때문에 이 나이에도 건강히 지내고 있다.

Hint 어릴 때부터 = *since I was a boy; from my boyhood*
특히 = *particularly; especially,* 이 나이에도 = *at my age*

---

43 대부분의 사람에겐 취미는 그들의 직업과는 무관한 것이 보통이다. 그래서 일요일에 의사는 그림을 그리고, 변호사는 아마추어 목수가 되고, 대학교수는 낚시를 가는 것이다.

Hint 취미 = *hobby,* 직업 = *profession; occupation*
무관하다 = *have nothing to do with; be independent of*
의사 = *physician,* 변호사 = *lawyer*
아마추어 목수 = *amateur; carpenter*
대학교수 = *college professor*

---

44 올림픽만큼 찬란한 역사를 갖는 국제경기는 없을 것이다.

Hint 찬란한 역사 = *brilliant history*

---

4. 건강

1 그는 심한 감기를 앓고 있다.

> *Hint* 앓고 있다 = *be suffering from*

---

2 병원에 가 보는 것이 좋겠다.

> *Hint* 병원에 가 보다 = *consult the doctor*
>
> ~하는 것이 좋겠다 = *had better* ~

---

3 나는 최근에 위가 좋지 않았다.

> *Hint* 위가 좋지 않다 = *have a stomach trouble*

---

4 지난번 만나 뵌 이래로 몸이 좋지 않습니다.

> *Hint* 몸이 좋지 않다 = *be in poor health*

---

5 걷는 것이 건강에 좋다는 것은 모두 알고 있지만, 그것을 실천하는
사람은 많지 않다.

> *Hint* 걷는 것＝*walking,* 실천하다＝*practice*

---

6 그는 병이 나서 그 파티에 가지 못했다.

---

7 그는 아내가 입원했다는 말을 듣고 몹시 놀랐다.

> *Hint* 입원하다＝*be put in hospital*

---

8 건강에 조심하는 것이 좋겠다.

> *Hint* 건강에 조심하다＝*take care of one's health*

---

9 너무 늦게까지 앉아 있지 않도록 하는 것이 좋겠다.

> *Hint* 늦게까지 앉아 있다＝*sit up late*

---

10 금년 겨울은 매우 춥습니다. 감기에 걸리지 않도록 조심하십시오.

> *Hint* 감기에 걸리다＝*catch a cold*

---

11 안색이 좋지 않습니다. 무슨 일이라도 있습니까?

> *Hint* 안색이 좋지 않다 = *look pale*

---

12 기침이 나을 때까지 목욕을 하지 말라고 의사선생님이 말씀하셨습니다.

> *Hint* 기침이 낫다 = *get over the cough,* 목욕하다 = *take a bath*

---

13 말한 대로 하십시오. 그렇지 않으면 빨리 낫지 않습니다.

> *Hint* 말한 대로 = *as you were told; as I told you,* 낫다 = *get well*

---

14 안색이 좋지 않다.

---

15 오늘은 기분이 썩 좋지가 않습니다.

---

16 일찍 일어나고 일찍 자는 것은 건강에 좋다.

> *Hint* 일찍 일어나고 일찍 자다 = *keep early hours*

---

17 아무리 건강에 조심해도 지나치지 않는다.

Hint 지나치지 않는다＝*cannot be too ～*

---

18 예방은 치료보다 낫다.

Hint 예방＝*prevention,* 치료＝*cure*

---

19 적당한 운동은 건강에 좋다.

Hint 적당한 운동＝*moderate exercise*

---

20 아버지는 건강을 위해 담배와 술을 끊었다.

---

21 대부분의 사람들은 일 년에 한두 차례 감기를 앓는다.

---

22 나는 오한이 나고 열이 좀 있는 것 같습니다.

Hint 오한이 나다＝*feel chilly,* 열이 좀 있다＝*have a slight fever*

---

23 곧 의사를 부를까요?

> *Hint* 의사를 부르다＝*send for the doctor*

---

24 Brown 박사한테 진찰 예약을 하고 싶은데요.

> *Hint* 예약을 하다＝*make an appointment*

---

25 그가 성공하는가 못 하는가는 그의 건강에 달려 있다.

> *Hint* 그가 성공하는가 못 하는가＝그의 성공

---

26 어머니가 병환 중이어서 시험이 끝나면 곧 집에 갈 작정입니다.

---

27 오늘은 몸이 별로 좋지 않은데, 내일 아침까지 나았으면 좋겠습니다.

---

28 이곳에 온 뒤로 한 번도 앓지 않았습니다.

---

29 그는 튼튼해 보이지만, 매달 병원에 간다.

---

30 건전한 정신은 건전한 몸에 깃든다.

Hint 건전한＝*sound*, 정신＝*mind*, 깃들다＝*dwell*

---

31 사람은 건강할 때만 정말 행복하다.

---

32 할아버지는 여든이시지만 나이에 비해 젊어 보이십니다.

Hint 나이에 비해＝나이치고는＝*for his age*

---

33 곧 치과에 가서 그 이를 빼는 것이 좋겠다.

Hint 치과(의사)＝*dentist*, 이를 빼다＝*have a tooth pulled out*

---

34 몸만 건강하다면 더할 나위 없는 사람인데.

Hint 더할 나위 없는－완전한

---

35 그는 맹장수술을 받아야 한다.

Hint 수술을 받다＝*be operated on*, 맹장＝*appendices*

---

36 건강이 부(富)보다 낫다는 것은 말할 것도 없다.

> *Hint* ~는 말할 것도 없다 = *it goes without saying that* ~
> 부 = *wealth*, 낫다 = *be above*

---

37 건강보다 더 소중한 것은 없다고 모두들 말하지만, 건강을 잃기까지는 아무도 그 값어치를 알지 못하는 것 같다.

> *Hint* 소중한 = *valuable*

---

38 그는 좀 더 건강에 조심했어야 했다.

> *Hint* 했어야 했다 = *ought to (should) have +pp*

---

39 감기가 들었을 때에는 될 수 있는 대로 빨리 자는 것이 좋다.

> *Hint* 자다 = *go to bed*

---

40 그가 앓아누운 것을 보고 나는 놀랐다.

> *Hint* 앓아 눕다 = *be ill in bed*

41 지난 2, 3일 동안 감기를 앓느라고 내내 집에 있었습니다.

Hint 집에 있다 = *have kept indoors; have stayed at home*

---

42 병들었을 때에는 의사나 약뿐만 아니라 정신력에도 의지할 것을 잊지 말아야 한다.

Hint 병들다 = *fall ill; be taken ill*, 정신력 = *mental power*
의지하다 = *rely on*

---

43 우리 모두는 건강을 향유해야 한다. 건강이란 신체뿐만 아니라 정신도 건강함을 뜻한다.

Hint 건강을 향유하다 = *enjoy good health*, 건전함 = *soundness*

---

44 제아무리 튼튼하더라도 항상 자기 건강에 조심한다는 것은 중요하다.

Hint 제아무리 = *however ~may be*

---

45 그는 곧 퇴원할 수 없을 것 같다. 다시 학교에 나오기까지는 한참 걸릴 것 같다.

Hint 퇴원하다 = *leave hospital*, ~일 것 같다 = *I am afraid*
한참 걸리다 = *it will be a long time before*

---

46 시골로 이사 온 지도 3년이 넘었습니다. 노부모는 완전히 건강을
회복하신 것 같습니다.

Hint 이사하다＝*move,* 건강을 회복하다＝*recover one's health*

---

47 그는 외국에 가서 한 달도 채 못 되어 병이 들었다.

---

48 의사는 다시 학교에 나가기까지는 두 달은 걸릴 것이라고 말했다.

---

49 건강을 잃기 전까지는 그 고마움을 알지 못한다.

Hint 건강의 고마움＝*the blessing of health,* 알다＝*know; appreciate*

---

50 감기는 만병의 근원이기 때문에 감기에 걸리지 않도록 해야 한다.

Hint 만병의 근원＝모든 종류의 병을 일으킨다.

---

5. 어학

1 외국어에 능통해지는 것만큼 어려운 것은 없다.

Hint 능통해지다 = *master*

---

2 영어는 국제어로서 거의 세계도처에서 사용된다.

Hint 국제어 = *an international language,* 세계도처 = *all parts of the world*

---

3 저 가게에서는 불어와 한국어를 합니다.

---

4 영어는 단기간에 숙달할 수 없다.

---

5 서반아어를 아는 한국 사람은 거의 없지만 영어는 대부분이 합니다.

---

6 독일어를 배우기 시작한 뒤 1년이 됐습니다.

---

7 그는 영어뿐만 아니라 불어도 할 줄 압니다.

Hint A뿐만 아니라 B도＝*B as well as A*

---

8 그는 파리에서 7년 동안 살았기 때문에 불어가 유창하다.

Hint 유창하게＝*fluently*

---

9 어제는 영어수업이 없었다.

Hint 영어수업＝*English class*

---

10 영어를 말할 때에는 틀릴 것을 두려워해서는 안 된다.

Hint 두려워하다＝*be afraid,* 틀리다＝*make mistakes*

---

11 이 편지를 영어로 번역해 주시겠습니까?

---

12 그는 내가 하는 것보다 영어를 훨씬 더 잘한다.

> *Hint* 훨씬 더 잘=*much better*

---

13 영어를 말할 때에는 될 수 있는 대로 천천히, 그리고 분명히 말하

도록 하시오.

> *Hint* ～하도록 하시오=～하도록 노력하시오

---

14 그는 대학 졸업생인데도 간단한 편지 하나 영어로 못 쓴다.

> *Hint* 대학 졸업생=*a college graduate*

---

15 외국어를 배우는 가장 좋은 방법은 그 언어가 사용되는 나라에 가

는 것이다.

> *Hint* 그 언어가 사용되는 나라=*the country where it(the language)*
> *in spoken*

---

16 그의 말이 너무 빨라서 알아듣지 못했습니다.

> *Hint* 알아듣다=*follow; understand*

---

17 외국을 이해하는 가장 좋은 방법은 그 나라 사람과 사귀는 것이다.

Hint 사귀다＝*to get acquainted*

---

18 그는 유럽 각지에 10년 이상 체재했으므로 여러 나라 말을 할 수

있다.

Hint 유럽 각지＝*various places in Europe*

---

19 영어로 말하는 연습을 시작한 지 거의 3년이 되는데, 실망스럽게도

거의 늘지 않았다.

Hint 말하는 연습을 하다＝*practice speaking*

실망스럽게도＝*to my disappointment*

거의 늘지 않는다＝*make little progress*

---

20 외국어는 짧은 시간에 통달할 수 없다. 매일 조금씩 공부하는 것이

절대로 필요하다.

Hint 조금씩＝*little by little,* 절대로＝*absolutely*

---

21 영어 외에 다른 외국어를 배울 생각입니다.

Hint A 외에 B＝*other B than A; B beside A*

～할 생각이다＝*be thinking of ～ing*

---

22 우리는 외국의 문화를 이해하고, 우리의 문화를 외국인에게 소개하기 위해 외국어를 배운다.

> *Hint* 이해하다＝*appreciate*

---

23 영작문의 기초를 닦는 가장 좋은 방법은 쉬운 책을 많이 읽는 것이다.

> *Hint* 기초를 닦다＝*lay a foundation*

---

24 불어가 영어보다 쉬운 것 같다.

---

25 외국어는 현대생활의 무기이지만, 그것을 통달하기는 쉽지 않다.

> *Hint* 현대생활＝*modern life*

---

26 그는 여러 외국어에 능통했었으나, 결코 외국숭배자는 아니었다.

> *Hint* 능통하다＝*be a greater master*, 결코＝*by no means*

---

27 영어를 배우는 목적은 언어 그 자체를 배우는 것뿐만 아니라, 영미의 문화를 바르게 이해하는 것이다.

> *Hint* 바르게＝*properly*

---

28 오는 3월로 영어를 6년 배우게 된다. 그러나 실은 원서도 읽지 못하며, 영문으로 편지 하나 만족스럽게 쓰지 못한다.

> *Hint* 배우게 되다＝*will have studied*, 실은＝*to tell the truth*
> 원서＝*an English book*, 만족스럽게＝*satisfactorily*

---

29 일전에 어떤 외국 사람이 나에게 영어로 말을 걸어왔는데, 나는 그가 하는 말을 전혀 알아듣지 못했다.

> *Hint* 말을 걸다＝*speak to*

---

30 연습을 많이 하지 않으면 외국어로 읽고 쓰는 능력이 생기지 않을 것이다.

---

31 내 말을 상대방에게 영어로 이해시킬 수가 없다.

> *Hint* 상대방에게 이해시키다＝*make myself understood*

---

32 사전을 보지 않고 영어 책을 끝까지 보는 버릇을 들이는 것도 중요하다.

> *Hint* 사전을 보다＝*refer to dictionaries*, 끝까지 보다＝*read through*

33 지난여름에 미국에 갔었는데, 그곳에서 사용하는 영어가 학교에서 배운 영어와 조금 다르다는 것을 발견했다.

> *Hint* 미국＝*the United States of America; the States*
>
> 그곳에서 사용하는 영어＝*the English spoken there*
>
> 학교에서 배운＝*I had learned at school*

---

34 한국에서의 외국어교육을 어떻게 생각하십니까?

> *Hint* 어떻게 생각하십니까?＝*What do you think about ～?*

---

35 언어에 대한 흥미보다는 실용적인 이유 때문에 영어회화를 배우는 사람들이 많다.

> *Hint* 언어에 대한 흥미＝*interest in language*
>
> 실용적인 이유＝*practical reasons*

---

36 그는 하도 한국어를 잘해서 종종 한국 사람으로 오인됩니다. 그러나 실은 일본사람입니다.

> *Hint* 오인되다＝*be taken for*, 실은＝*to tell the truth*

---

37 학생시절에 독일어를 좀 더 열심히 했었더라면

   Hint 학생시절에 = *in my school days,* 했었더라면 = *I wish I had + pp*

---

38 영어를 쓸 때에는 i에 점을 찍는 것과 t에 작대기를 긋는 것을 잊지 않도록 조심해라.

   Hint 조심하다 = *take care,* i에 점을 찍다 = *dot i's*
           t에 작대기를 긋다 = *bar t's*

---

39 어떤 나라에서든지, 어린이들은 특별한 훈련을 받지 않고도 모국어를 두 살에서 다섯 살 사이에 배우게 된다.

   Hint 특별한 훈련 = *special training,* 모국어 = *mother tongue*

---

40 나이가 들수록 외국어에 통달하는 것이 어려워진다.

   Hint ~ 할수록 = *the more ~ the more*

---

41 나는 영어로 의사소통할 수 있다.

   Hint *make oneself + p.p / express oneself*

---

42 그는 영어는 두말할 나위도 없이 불어도 할 줄 안다.

그는 영어를 할 줄 모른다, 불어는 두말할 나위도 없다.

---

43 많이 안다고 해서 다 잘 가르치는 것은 아니다.

---

44 요즈음 취직면접시험에서는 영어로 물으면 중국어나 일본어로 대답

할 수 있어야 한다.

---

45 멕시코인 들은 영어와 스페인어를 쓴다.

---

6. 독서

1   이 책은 읽을 만한 가치가 있다.

> *Hint*   ~할 만한 가치가 있다 = *be worth ~ing*

---

2   아직 그 책을 다 읽지 못했습니다.

> *Hint*   아직 = *yet*

---

3   이 책을 읽기 시작한 지 반년이 됩니다. 페이지 수가 너무 많아서 아직 다 읽지 못했습니다.

> *Hint*   반년 = *half a year*
>
> 페이지수가 많아서 = *the book has so many pages that ~*

---

4   이 책은 여러 번 읽을 가치가 있다.

> *Hint*   여러 번 = *again and again; many times*

---

5   그 책을 빌려 주시면 고맙겠습니다.

> *Hint*   고맙겠습니다＝기쁘겠습니다＝*I would be glad*

---

6   나는 늘 잠자기 전에 30분 동안 책을 읽습니다.

> *Hint*   잠자다＝*go to bed*

---

7   외국의 문예작품을 원문으로 읽는 습관을 붙이시오.

> *Hint*   외국의 문예작품＝*foreign literary works*
>
>   원문으로＝*in the original*

---

8   누구든지 이 책을 읽으면 문학에 흥미를 갖게 될 것이다.

> *Hint*   누구든지＝*whoever*

---

9   일전에 빌린 책은 참 재미있었습니다.

> *Hint*   일전에＝*the other day*

---

10   좋아하는 책은 무엇입니까?

> *Hint*   좋아하는＝*favorite*

---

11   이처럼 재미있는 책을 읽어 본 적이 없다. 꼭 한 번 읽어 보실 것
을 권합니다.

Hint   권하다 = *recommend*

---

12   제아무리 책을 많이 읽어도 주의해서 읽지 않으면 아무 소용도 없다.

Hint   제아무리 = *however,*   아무 소용없다 = *it will be of no use*

---

13   일전에 빌려 주신 소설은 기대했던 것만큼 재미있지 않았습니다.

Hint   기대했던 것만큼 = *as I had expected*

---

14   책을 읽을 때에는 천천히 되풀이해서 읽어야 한다.

Hint   되풀이해서 = *repeatedly*

---

15   독서는 텔레비전을 보는 것보다 훨씬 더 중요하다.

---

16   책방에 가서 『근대화와 문명』이라는 책을 샀다.

Hint   책방 = bookstore,   근대화 = *modernization*

---

17 이 신문은 발행부수가 한국에서 제1입니다.

Hint 발행부수＝*circulation*

---

18 어제 헌 책방에서 귀한 책을 하나 샀다.

Hint 헌 책방＝*secondhand bookstore*, 귀한＝*rare*

---

19 나는 소설 읽기를 좋아한다.

---

20 읽을 만한 가치가 있는 책은 극히 드물다.

Hint 극히 드물다＝*few*

---

21 어떤 사람들은 너무 바빠서 책 읽을 틈이 없다고 불평한다.

Hint 어떤 사람들＝*some people*

---

22 근래에 이 소설만큼 열심히 읽은 것은 없다.

Hint 근래에＝*in recent years*, 열심히＝*earnestly*

---

23 이 책은 생각했던 것보다 더 재미있었다.

---

24 좋은 책은 읽을 때마다 무엇인가 새롭고 교훈적인 것을 우리에게
가르쳐 준다.

> *Hint* 읽을 때마다 = *everytime we read it,* 교훈적인 = *instructive*

---

25 책을 가진 사람은 많지만 그것을 잘 이용할 줄 아는 사람은 극히
드물다.

> *Hint* 잘 이용하다 = *make good use of*

---

26 지난 수요일에 빌린 책은 매우 좋은 책입니다. 지금 꼭 3분의 2를
읽었습니다.

> *Hint* 3분의 2 = *two-thirds*

---

27 우리는 인간에 대해 알고 싶어 하기 때문에 소설 읽기를 좋아한다.

> *Hint* 인간에 대해 알다 = *know what man is*

---

28 이 이야기를 읽을 때마다 나는 그 표현의 아름다움에 감탄한다.

Hint 이야기＝*tale,* 표현＝*expression,* 감탄하다＝*admire*

---

29 어떤 책을 다시 읽을 수 있는가 없는가가 그 책이 좋고 나쁜 것을 결정짓는 하나의 열쇠가 된다.

Hint 열쇠＝*key*

---

30 책은 많이 읽을 필요가 없다. 양서를 선택해서 숙독하는 것이 좋다.

Hint 많이 읽다＝*read a good deal,* 숙독하다＝*read carefully*

---

31 젊을 때 좀 더 책을 읽어 두었어야 했다. 나이가 들어감에 따라 아는 것이 힘이라는 것을 절실히 느끼게 된다.

Hint ～했어야만 했다＝*should have +pp,* 절실히＝*keenly*
　　　　나이가 들어감에 따라＝*the older I grow*
　　　　아는 것이 힘이다＝*knowledge is power*

---

32 훌륭한 문학작품을 읽는다는 것은 그 자체가 값진 것이다.

Hint 훌륭한 문학작품＝*excellent literary works,* 값진＝*valuable*

---

33 여러 번 되풀이해서 읽을 만한 가치가 있는 책을 발견하는 것은 젊

은 사람들에게는 반드시 쉬운 것이 아니다.

> *Hint* 여러 번=*again and again*

---

34 차 속에서 책 읽기를 좋아하기 때문에 여행을 갈 때에는 반드시 읽

을 것을 가지고 간다.

> *Hint* 차 속에서=*in a vehicle,* 읽을 것=*something to read*
> 반드시 ~하다=*never fail to ~*

---

35 셰익스피어의 『햄릿』을 원문으로 읽은 것은 이번이 처음이다.

> *Hint* 원문으로=*in the original,* 처음이다=*this is the first time that*

---

36 100년 이상 된 책이면 읽을 만한 가치가 있다. 왜냐하면 가치 없

는 책은 이미 사라졌을 것이고, 좋은 책만이 남았을 테니까.

---

37 한 권의 책을 처음부터 끝까지 다 읽는다는 것은 아무것도 아닌 것

같아도 정말 어려운 일이다.

> *Hint* 처음부터 끝까지=*from the beginning to the end; from cover to cover*
> 아무것도 아닌 것 같아도=*though it seems very easy*

38 우리들의 지식이나 교양은 책에 의해 영향받는 바가 크다. 따라서 정말 읽을 만한 가치가 있는 책을 선택한다는 것은 매우 중요하다.

Hint 교양 = *culture*

---

39 인생은 한 권의 책에 비유될 수 있다. 바보는 그 책의 책장을 빨리 넘겨 버리지만 현명한 사람은 그 책을 한 번밖에 읽을 수 없다는 것을 알기 때문에 조심스럽게 읽는다.

Hint 비유하다 = *be compared to*, 책장 = *leaf*

책장을 빨리 넘기다 = *turn leaf after leaf*

한 번밖에 읽을 수 없다 = *can afford to read it only once*

---

40 역사책을 읽고 나는 역사가 건설과 파괴의 교체라는 것을 배웠다.

Hint 건설과 파괴 = *construction and destruction*, 교체 = *alternation*

---

41 책은 친구와 마찬가지로 아주 조심해서 골라야 한다.

Hint 아주 조심해서 = *with utmost care*

---

42 나는 앉은 자리에서 그 책을 다 읽었다.

Hint 앉은 자리에서 = *at one sitting*, 다 읽다 = *read through*

---

43 그 책은 절판이 되었다.

Hint 절판＝*out of print*

---

44 그처럼 두꺼운 영어 책을 한 달에 다 읽을 수 있을까?

Hint 두꺼운＝*bulky; thick*

---

45 인생에 좋은 친구가 드물 듯이 좋은 책도 드물다.

---

46 1) 음식이 육체의 양식이듯 독서는 정신의 양식이다.

Hint A is to B what (as) C is to D (긍정비교)

---

2) 말이 물고기가 아닌 것처럼 고래는 물고기가 아니다.

Hint A is no more B than C is D (부정비교)

---

3) 녹이 쇠를 침식시키듯 근심은 마음을 병들게 한다.

Hint As ～, so ～

---

1 파리에서 런던까지 비행기로 얼마나 걸립니까?

> *Hint* 비행기로＝*by plane; by air*

2 내가 런던에 도착한 것은 5월 5일 아침이었다.

> *Hint* ～ 것은 ～였다＝*it was ～that ～*
>
> 5월 5일 아침＝*the morning of May the fifth*

3 해마다 수만 명의 관광객이 한국에 온다.

> *Hint* 수만 명＝*tens of thousands*, 관광객＝*tourist*

4 지금 출발하면 일곱 시경에 거기 도착히게 될 것이다.

> *Hint* 일곱 시경＝*around seven*

5 그는 이틀 전에 이탈리아로 떠났다.

6 유럽 여행을 하고 싶다.

Hint 여행하다＝*make a trip*

---

7 유럽에 가 본 적이 없어서 금년 여름에 프랑스에 꼭 갔으면 합니다.

Hint ～에 가 보다＝*have been to* ～, 금년 여름＝*this summer*

---

8 금년 여름에 일본에 갈 작정이다.

Hint 작정이다＝*plan to; be going to*

---

9 아버지는 매일 자동차로 직장에 나가신다.

Hint 자동차로 가다＝*drive,* 직장에＝*to work*

---

10 이 버스는 만원이다. 다음 것을 타자.

Hint 만원＝*crowded,* 타다＝*take*

---

11 다음 정거장에서 갈아타셔야 합니다.

Hint 갈아타다＝*transfer*

---

12 우리는 제트기를 탔고, 비행기는 일곱 시 정각에 이륙했다.

Hint 타다＝*board,* 제트기＝*jet plane,* 이륙하다＝*take off*

---

13 그는 사업관계로 부산에 갔다.

Hint 사업관계로＝*on business*

---

14 광주는 이번이 처음입니다.

---

15 우리가 자유롭게 세계일주 여행을 할 날도 멀지 않았다.

Hint 세계일주 여행을 하다＝*travel around the world*

---

16 친구가 우리에게 베를린 안내를 해 줬다.

---

17 유럽에서 여행하는 데는 적어도 1,000불은 듭니다.

Hint 든다＝*it costs you*

---

18 우리는 알래스카를 경유하여 파리로 갔다.

Hint 유하여＝*by way of*

---

19   다음 시드니행 비행기는 오전 10시 반에 있습니다.

Hint   시드니행 비행기=*plane for Sidney,* 있습니다=출발합니다

---

20   돈과 시간이 있으면 스페인에 가 보고 싶다.

Hint   ～하고 싶다=*would like to ～*

---

21   어떤 학생들은 버스로 통학하고, 다른 학생들은 전차로 통학한다.

Hint   통학하다=학교에 가다

---

22   그는 일찍 일어나서 기차 시간에 댈 수 있었다.

Hint   시간에 대다=*be in time for ～*

---

23   첫 차를 타기 위해서는 될 수 있는 대로 일찍 일어나는 것이 좋을 것이다.

Hint   좋을 것이다=*you had better*

---

24   나도 너만큼 차 운전을 잘했으면 좋으련만.

Hint   좋으련만=*wish*

---

25 나는 사업관계로 작년에 자주 외국여행을 했다.

Hint 외국여행을 하다＝*travel abroad*

---

26 로마엔 사흘 동안 머무를 작정입니다. 어디를 가 보면 좋을지 일러

주십시오.

Hint 가 보다＝*visit*

---

27 여기서부터는 버스가 다니지 않으므로 오두막까지는 걸어서 가야

한다.

Hint 버스가 다니지 않는다＝*there is no bus service; no bus service
in available*, 오두막＝*cottage*

---

28 길이 붐비기 때문에 버스가 제시간에 오지 않을 것 같다.

Hint 붐비다＝*be jammed; be congested; be crowded*
~일 것 같다＝*be likely to* -, 제시간에 — *on time*

---

29 지하철이 붐빌 것이라고 생각해서, 그는 그날 보통 때보다 좀 일찍

이 집을 나섰다.

Hint 지하철＝*subway*, 붐비다＝*be jammed*, 보통 때보다＝*than usual*

---

30 비록 시간은 더 걸리더라도 기차나 배로 여행하는 것이 좋다.

Hint 여행하는 것이 좋다＝여행하고 싶다, 시간이 걸리다＝*it takes*

---

31 나는 오는 여름방학에 제주도를 걸어서 일주할 것을 고대하고 있다.

Hint 고대하다＝*look forward to*, 걸어서 일주하다＝*walk round*

오는＝*coming*

---

32 아버지를 전송하러 비행장에 갔다 오는 길이다. 아버지는 사업관계

로 일본에 가셨다.

Hint 전송하다＝*see off*, 비행장＝*airport*

---

33 전에 가 본 도시를 다시 가 보고 실망하는 경우가 많다.

Hint 실망하다＝*be disappointed*

---

34 마지막 버스가 10시 20분에 떠나는데, 대갈 수 있을는지 모르겠다.

Hint 모르겠다＝*I wonder*, 대가다＝*make; be in time for*

---

35 형은 해외여행을 위해서 돈을 저축하고 있다.

Hint 해외여행＝*overseas trip*, 저축하다＝*put money aside*

---

36   오늘 밤에 출발합니다. 25일까지는 돌아올 수 있으리라고 생각합니

다만, 혹시 늦으면 전보로 알리겠습니다.

> *Hint*   전보로 알리다＝*let you know by telegram; I will wire you*

---

37   우주여행은 전에 사람들이 꿈도 꾸지 못했던 것이다.

> *Hint*   우주여행＝*space travel,* 전에＝*in former times*
> 꿈꾸다＝*dream of*

---

38   강릉에 가는 데는 버스가 제일 좋다. 기차보다 싸고, 또 더 빨리 갈

수 있다.

> *Hint*   싸다＝*it costs you less*
> 빨리 갈 수 있다＝*it enables you to get there faster*

---

39   작년에 오래간만에 고향을 찾아갔다. 그러나 너무 변해서 전에 살

던 집을 찾지 못했다.

> *Hint*   오래간만에＝*after a long time(absence),* 고향＝*home town*

---

40   나라마다 관습이 다르다. 따라서 외국에 가면 그 나라 관습에 따르

도록 해야 한다.

> *Hint*   나라마다 관습이 다르다＝모든 나라는 자신의 습관을 가지
> 고 있다. 관습＝*custom,* 따르다＝*follow*

---

41 부산행 버스는 약 5분 간격으로 출발합니다.

  Hint 5분 간격으로＝*every five minutes*

---

42 외국여행 중엔 언제 얼마쯤 팁을 줘야 하는지를 알지 못했다.

  Hint 외국여행을 하다＝*travel abroad*, 알지 못하다＝*be in doubt*
  팁을 주다＝*tip*

---

43 길거리의 자동차 수가 요즈음 급격히 증가했다. 차가 많을수록 사
고도 많아진다.

  Hint 증가하다＝*increase*, 요즈음＝*recently*
  *the more ～, the more*의 구문을 사용할 것.

---

44 기차는 시속 100킬로미터로 달리고 있었다. 그러나 이상하게도 그
처럼 고속으로 달리는 차에 타고 있다는 느낌이 들지 않았다.

  Hint 시속 100킬로미터로＝*at the speed of 100 kilometers an hour*
  이상하게도＝*strange to say*

---

45 화성탐사에 있어 유인 우주선의 계획은 더 많은 정보를 얻고나서야
비로소 가능 할 것이다.

  Hint *not A until B* 「B해서야 비로소 A하다」

---

8. 과학

1 나는 자연과학에 흥미가 있습니다.

Hint 자연과학＝*natural science*

---

2 새로운 혹성의 발견이 신문에 보도되었다.

Hint 혹성＝*planet*, 보도하다＝*report*

---

3 수학은 재미없는 것처럼 보일지 모르지만, 그것은 현대과학의 기초이다.

Hint 수학＝*mathematics*, 현대과학＝*modern science*

---

4 의학이 굉장한 속도로 발진하고 있다.

Hint 의학＝*medicine; medical science*, 발전하다＝*make progress*
굉장한 속도＝*at a tremendous speed*

---

5 우리는 집에 앉아서 텔레비전으로 외국을 볼 수 있다.

Hint 집에 앉아서 = *while sitting at home*, 텔레비전으로 = *on television*

---

6 전기가 얼마나 빨리 전달되는지 아십니까?

Hint 전달되다 = *travel*

---

7 나침반은 우리에게 방향을 가리켜 준다.

Hint 방향 = *direction*, 가리켜 주다 = *tell*

---

8 우리는 이미 인공위성에 놀라지 않는다.

Hint 인공위성 = *artificial satellite*

---

9 그는 아저씨가 미국에서 보내 주신 우주선의 사진을 나에게 보여 줬다.

Hint 우주선 = *spaceship*

---

10 두 물체 사이에는 인력이 있다.

Hint 물체 = *object*, 인력 = *attraction; gravitation*

---

11 달에 사람이 살지 않는 것은 확실하다.

   Hint 사람이 살지 않는다 = *is uninhabited*

---

12 과학은 우리에게 우주시대를 가져왔다.

   Hint 우주시대 = *space age,* 가져오다 = *bring about*

---

13 달까지 제트기로 간다면 얼마나 걸릴까요?

   Hint 얼마나 걸릴까요 = *how long would it take*

---

14 핵무기는 과학발전의 결과로 발명됐다.

   Hint 핵무기 = *nuclear weapon,* 과학발전 = *the progress of science*

---

15 우주여행은 이미 터무니없는 꿈이 아니다.

   Hint 우주여행 = *space travel,* 터무니없는 = *fantastic*

---

16 지구가 점점 추워진다고 말하는 과학자들이 많다.

---

17 물리는 좋아하는 과목 중의 하나이다.

> *Hint* 물리 = *physics,* 좋아하는 과목 = *favorite subject*

---

18 *UFO*는 무엇의 약자입니까?

> *Hint* '*UFO*는 무엇을 나타냅니까?'로 바꿔 작문할 것.
> 나타내다 = *stand for, UFO* = *unidentified flying objects*

---

19 기계는 조립하기보다 분해하기가 쉽다.

> *Hint* 조립하다 = *put together,* 분해하다 = *take to pieces*

---

20 전기에 관한 이 책을 읽고 나서 비로소 전기가 얼마나 재미있는 것
인지 알게 되었습니다.

> *Hint* 비로소 ~하다 = *it is not until ~that ~*

---

21 과학기술의 진흥만이 한국이 장래 번영할 수 있는 길이다.

> *Hint* 과학기술의 진흥 = *the advancement of scientific techniques*
> 번영하는 = *prosperous,* 장래에 = *in (the) future*

---

22 인간생명에 대한 존경심을 갖지 않는다면, 과학은 한낱 위험한 무기일 따름이다.

> *Hint* 인간생명에 대한 존경심＝*respect for human life*

---

23 전자공학의 연구는 앞으로 더욱 왕성해질 것이다.

> *Hint* 전자공학＝*electronics*, 왕성한＝*popular*, 앞으로＝*in the future*

---

24 가까운 장래에 원자력에 의해서 거대한 양의 전기를 만들 수 있을 것이 기대된다.

> *Hint* 원자력＝*atomic energy*, 거대한 양＝*unmeasurable amount*
> 전기＝*electricity*

---

25 원자력을 일상생활에 널리 이용하면 세계의 문명은 크게 변할 것이다.

> *Hint* 일상생활＝*daily life*

---

26 과학지식이 중요한 것은 누구나 알고 있다. 그러나 과학이 인생의 모든 문제를 다 해결하는 것은 아니다.

> *Hint* 과학지식＝*scientific knowledge*

27 과학지식이 빈곤했던 시대에는 지구가 둥글다는 것을 알고 있는 사
람이 거의 없었다.

   Hint 과학지식이 빈곤하다＝*people have little scientific knowledge; this is little scientific knowledge,* ～한 시대에는＝*in the days when*

---

28 지구상에서 태양의 영향을 받지 않는 것은 아무것도 없다.

   Hint 영향을 받다＝*be affected by; be under the influence of*

---

29 물에서 전기를 생산하는 날이 올지 모른다.

   Hint ～할 날이 올지 모른다＝*the day may come when*～

---

30 의학이 진보할수록 인간이 점점 약해진다고 말하는 사람도 있다.

   Hint 의학＝*medical science*

---

31 그는 번번이 실험에 실패했으나 결코 희망을 잃지 않았다.

   Hint 실험에 실패하다＝*fail in experiment*

---

32 그 제트 비행기는 음속의 세 배로 날 수 있다.

> *Hint* 세 배로 = *three times as* + 형용사 + *as*

---

33 누가 인력의 법칙을 발견했다고 생각하십니까?

> *Hint* 인력 = *gravitation*

---

34 아폴로 12호는 초속 2킬로미터의 속도로 달로 날아갔다.

> *Hint* 아폴로 12호 = *Apollo 12*
>
> 초속 2킬로미터의 속도로 = *at the speed of 2 kilometers a second*

---

35 19세기는 과학만능의 시대였으며, 여하한 신비도 결국은 풀릴 것이라고 믿었다.

> *Hint* 과학만능의 시대 = *an age in which science is almighty*
>
> 신비 = *mystery*, 풀다 = *solve*, 결국 = *eventually*

---

36 20세기에 있어서의 공업기술의 진보는 눈부시다. 그러나 그것이 인간 행복을 크게 증대시켰는지는 의심스럽다.

> *Hint* 공업기술의 진보 = *the progress of industrial technology*
>
> 눈부시다 = *be remarkable*, 증대시키다 = *increase*
>
> 크게 = *greatly*, 의심스럽다 = *be doubtful*

37 밤하늘을 쳐다보면 많은 성좌를 볼 수 있다.

Hint 밤하늘＝*night sky,* 쳐다보다＝*look up at,* 성좌＝*constellation*

---

38 과학의 발전과 더불어 생활양식도 변한다.

Hint 과학의 발전＝*the progress of science,* 더불어＝*with*
생활양식＝*the mode of life*

---

39 수학이나 물리를 잘하는 소년이 반드시 장래에 위대한 과학자가 되는 것은 아니다.

Hint 잘한다＝*be good at,* 반드시 ～인 것은 아니다＝*not necessarily*

---

40 광대한 우주에 비교해 보면 우리의 지구가 얼마나 작은가를 알 수 있게 될 것이다.

Hint 광대한 우주＝*the vast universe*

---

41 전기가 실용화된 지는 불과 150년밖에 되지 않는다.

Hint 실용화하다＝*put to practical use,* 전기＝*electricity*

1 오늘밤 해야 할 숙제가 많다.

Hint 숙제 = *assignment; homework*

---

2 영어성적은 뭘 받았니?

Hint 성적 = *grade*

---

3 중간시험 공부를 열심히 해야 한다.

Hint 중간시험 = *midterm examination*

---

4 저는 S대학의 입학시험 준비를 하고 있습니다.

Hint 입학시험 = *entrance examination*

---

5 나는 필수과목 세 개와 선택과목 둘을 택하고 있습니다.

Hint 필수과목 = *required course*, 선택과목 = *elective course*

---

6 서두르는 것이 좋겠다. 아니면 수업에 늦겠다.

---

7 김 교수님은 엄격하시다. 그는 늘 출석을 부르신다.

Hint 엄격한＝*strict,* 출석을 부르다＝*call (take) the roll*

---

8 이 사전은 꼭 필요합니다.

Hint 꼭 필요하다＝없이는 못 견딘다＝*cannot do without*

---

9 정독은 다독보다 낫다.

Hint 정독＝*intensive reading,* 다독＝*extensive reading*

---

10 역사와 지리는 가장 흥미가 없는 과목이다.

Hint 지리＝*geography,* 흥미가 있다＝*be interested in*

---

11 내주에는 수업이 없다.

Hint 수업＝*school; class*

---

12   숙제를 다음 수요일까지 제출하십시오.

> *Hint* 제출하다 = *hand in*, 까지 = *by*

---

13   부모님은 나에게 하나에서 백까지 세는 법을 가르치려고 하셨으나 허사였다.

> *Hint* 가르치려고 하셨으나 허사였다 = *tried in vain to teach me*

---

14   형님은 대학에서 무엇을 전공합니까?

> *Hint* 전공하다 = *major in*

---

15   나는 입학시험을 치르기 위해서 보통 때보다 일찍 일어났다.

> *Hint* 보통 때보다 = *than usual*

---

16   담당한 반이 크면 교사가 학생 개개인에게 수의할 수가 없다.

> *Hint* 수의하다 = *pay attention to*

---

17   학교는 아홉 시에 시작되므로 나는 일곱 시 반 이전에 집을 나서야 한다.

---

18 우리 학교 교사는 지은 지 80년 이상이나 된다.

> *Hint* 학교 교사＝*school house*

---

19 지난번 시험을 볼 때까지 나는 영어를 6년간 공부했었다.

---

20 이번 입학시험을 치르면 그는 세 번 시험을 치른 것이 된다.

> *Hint* 세 번＝세 번째로＝*for the third time*

---

21 이 사전은 전에 산 것보다 비싸지만 훨씬 더 좋다.

> *Hint* 비싼＝*expensive; dear,* 훨씬 더 좋은＝*much better*

---

22 이 학교에서 영어 외에도 일본어를 가르친다.

> *Hint* 영어 외에도 일본어를＝*Japanese as well as English*

---

23 그녀가 초급대학에 들어간 것은 18세 때였다.

> *Hint* 초급대학＝*junior college*

---

24 학교가 시작될 때까지는 숙제를 다 마칠 수 있을 것이다.

---

25 내가 대학을 졸업할 때에는 내 막냇동생은 초등학교 과정을 다 마쳤을 것이다.

> *Hint* ~할 때에는＝*by the time(when)*, 마치다＝*complete*
> 초등학교 과정＝*primary school course*

---

26 우리 학교가 창립된 지 40년이 지났다.

> *Hint* 창립하다＝*found*

---

27 대학교육은 강의뿐만 아니라 학생들 자신의 연구까지를 포함한다.

> *Hint* 대학교육＝*university education*, 강의＝*lecture*
> 학생들 자신의 연구＝*research to be made by the students themselves*

---

28 참된 교육은 새로운 시대에 바르게 살아가는 것을 가르쳐 준다.

> *Hint* 참된 교육＝*true education*, 바르게＝*properly*

29   이 대학은 높은 언덕 위에 서 있다. 그 주위는 조용하며 공기는 맑다.

Hint   주위 = *surroundings*

30   어린이들이 그림을 그리고, 노래를 부르고, 또 이야기를 할 때, 그들은 그들 감정표현의 기술을 배우고 있는 것이다.

Hint   감정표현의 기술 = *the technique of expressing their feelings*

31   넓은 의미에서의 철학은 인생을 살아가는 방법을 가르쳐 주는 것이어야 한다.

Hint   넓은 의미에서 = *in the broad sense*

32   모든 학문은 결국 인간의 복지를 증진하는 것에 이바지해야 한다.

Hint   학문 = *learning*, 복지 = *welfare*, 증진하다 = *promote*
　　　이바지하다 = *contribute*

33   배우려고 하면 누구한테서라도 항상 뭔가를 배울 수 있다.

34 그 문제에 대해서 조사해 보려고 하는데, 좋은 참고서가 있을까요?

> *Hint* 조사하다＝*investigate; make an investigation*
> 참고서＝*reference book*

---

35 제아무리 열심히 공부해도 학업에 진전이 없는 사람들이 있다.

> *Hint* 학업에 진전이 없다＝*make no progress in schoolwork*

---

36 답안을 내기 전에는 여러 번 되읽어 보고 잘못이 없는 것을 확인해야 한다.

> *Hint* 답안＝*papers*, 여러 번＝*over and over again*
> 확인하다＝*make sure*

---

37 4년간의 대학생활 동안에 적어도 두 개의 외국어를 읽고, 쓰고, 말하는 능력을 기를 것이 요구된다.

> *Hint* 4년간의 대학생활＝*four years' university life*
> 기르다＝*cultivate*

---

38 대학에 들어가면 더 이상 공부할 필요가 없다고 생각하는 학생들이 많다.

---

39 학생 때 공부를 게을리한 사람은 누구든지 졸업하고 후회한다.

Hint 게을리하다 = *neglect*, 후회하다 = *regret; repent of*

---

40 그녀는 아버지에게 음악을 공부하기 위해 유럽에 가겠다는 자기의 청을 들어 달라고 말했다.

Hint 청을 들어주다 = *grant someone's request*

---

41 미국에서는 대학에 들어가기는 쉽지만, 들어가서가 힘들다.

Hint 들어가서가 힘들다 = 들어가 그대로 있기가 힘들다 = *is difficult to stay in*

---

42 우리 학교는 남녀공학이 아니다.

Hint 남녀공학 = *coeducation*

---

43 첫 시간은 무슨 과목이지?

Hint 첫 시간 = *the first period*

1　올리브나무 가지는 평화를 상징한다.

　　Hint　상징하다＝*stand for*

2　형은 무역에 종사한다.

　　Hint　무역＝*foreign trade*, 종사하다＝*be engaged in*

3　물가가 해마다 올라가고 있다.

　　Hint　물가＝*prices(of commodities)*, 올라가다＝*rise; go up*

4　내각은 사직했다.

　　Hint　내각＝*the Cabinet*, 사직하다＝*resign*

5　이 도시에선 모든 것이 다 비싸다.

---

6   공급은 수요에 의해 결정된다.

    Hint   공급 = *supply*, 수요 = *demand*

---

7   대통령은 일본의 수상과 정상회담을 갖기 위해 오는 7월에 동경에 간다.

    Hint   대통령 = *the President*, 수상 = *Prime Minister*

          정상회담 = *summit talk*

---

8   우리 정부는 이전보다 교육에 더 투자하고 있다.

    Hint   이전보다 = *than before; than it used to*, 투자하다 = *invest*

---

9   한국의 산업은 눈부신 발전을 했다.

    Hint   눈부신 발전 = *remarkable progress*

---

10   민주주의의 참뜻을 이해하는 사람은 적다.

    Hint   참뜻 = *the true meaning*

---

11   누가 다음 대통령으로 선출되리라고 생각합니까?

---

12 누가 법무부장관에 임명되었다고 생각합니까?

> *Hint* 법무부장관＝*Minister of Law*, 임명하다＝*appoint*

---

13 농업은 우리나라의 가장 중요한 산업 가운데 하나이다.

> *Hint* 농업＝*agriculture*, 산업＝*industry*

---

14 한국 사람들은 평화를 사랑하는 국민이다.

> *Hint* 한국 사람들＝*the Koreans*, 평화를 사랑하는＝*peace － loving*

---

15 독립정신은 무엇보다도 중요하다.

> *Hint* 독립정신＝*the spirit of independence*

---

16 자기 나라의 독립을 원하지 않는 애국자는 없다.

> *Hint* 원하다＝*wish for*, 애국자＝*patriot*

---

17 투표가 행해지고, 문제는 드디어 낙착됐다.

> *Hint* 투표가 행해지다＝*the votes are taken*, 문제＝*issue*
> 낙착되다＝*be settled*

---

18 총선거가 다가오고 있다.

> *Hint* 총선거＝*the general election*, 다가오다＝*be drawing near*

---

19 매달 월급에서 만 원이 세금으로 공제된다.

> *Hint* 월급＝*monthly pay*, 세금으로＝*for taxes*, 공제하다＝*deduct*

---

20 외국산을 능가하는 국산품이 많다.

> *Hint* 외국산＝*foreign goods*, 국산품＝*Korean goods*

---

21 무역이 순조로워졌다.

> *Hint* 무역＝*trade*, 순조로워지다＝정상을 되찾다.

---

22 한국은 천연자원이 부족하다.

> *Hint* 천연자원＝*natural resources*, 부족하다＝*be poor in*

---

23   경제성장이 반드시 인간생활에 행복을 가져다주는 것은 아니라는 것을 사람들은 요즈음 알게 되었다.

Hint   경제성장＝*economic growth*

반드시 ～인 것은 아니다＝*not necessarily* ～

---

24   한국제 운동화는 외국에서 평판이 좋다.

Hint   한국제 운동화＝*the sneakers made in Korea; the Korean sneakers*, 평판이 좋다＝*have a good reputation*, 평판이 좋다＝잘 팔리다＝*sell well*

---

25   우리나라는 천연자원이 부족하기 때문에 수출을 위해서는 원료를 수입하지 않을 수 없다.

Hint   원료＝*raw materials,* ～하지 않을 수 없다＝*cannot help ～ing*

---

26   오늘날 우리는 국제사회의 현실을 있는 그대로 이해할 수 있는 사람을 필요로 한다.

Hint   국제사회의 현실＝*the present situation of international society,* 있는 그대로＝*as it is*

---

27   외국차에 비하여 국산차는 아직도 뒤떨어진다.

---

28 상업에 있어서는 돈을 버는 것이 제일이지만 부정직한 방법으로 돈
을 벌어서는 안 된다.

Hint 상업＝*commerce*, 돈을 벌다＝*make money*
부정직한 방법으로＝*by a dishonest way*

---

29 현재의 불경기가 오래갈 것이라고 말하는 사람도 있다.

Hint 불경기＝*business depression*, 오래가다＝*last long*

---

30 민주주의의 원칙 가운데 하나는, 서로를 존중하는 것이다.

Hint 원칙＝*principle*, 서로를 존중하다＝*respect one another*

---

31 만약 미국에 유학하러 가게 되면 정치학을 전공하고 싶다.

Hint 미국에 유학하러 가다＝*go to America for study*
정치학＝*political science*, 전공하다＝*major in*

---

32 금년은 벼농사가 흉작이었다.

Hint 흉작이다＝*have a bad crop of*

---

33 당신의 새로운 사업이 성공할 가망은 거의 없습니다.

> *Hint* 새로운 사업 = *new enterprise*
>
> 가망이 거의 없다 = there is little hope

---

34 고도의 기술, 발달된 커뮤니케이션과 대량소비는 사람들의 생각을 크게 바꿔 놓았다.

> *Hint* 고도의 기술 = *high level techniques*
>
> 발달된 커뮤니케이션 = *developed communication*
>
> 대량소비 = *mass consumption*

---

35 제품을 팔기 위해서 광고업자들은 제품 그 자체의 질과는 상관도 없는 것에 호소한다.

> *Hint* 제품 = *products*, 광고업자 = *advertiser*
>
> 상관이 없다 = *have nothing to do with*
>
> 호소하다 = *make appeals*

---

36 제2차 세계대전이 끝난 지도 거의 40년이 되지만, 참된 평화는 아직도 요원한 것 같다.

> *Hint* ~한 지 거의 40년이 되다 = *it is nearly forty years since ~; nearly forty years have passed since ~*
>
> 요원한 = *seem to be far away*

37 그는 조국의 융성과 이익을 위해 전력을 다할 것을 평생의 의무로
삼았다.

> *Hint* 조국＝*fatherland*, 융성＝*prosperity*
> 이익＝*benefit; interests*, 평생의 의무＝*lifelong duty*
> 전력을 다하다＝최선을 다하다＝*do one's best*

---

38 민주주의란 자기가 하고 싶은 것은 무엇이든지 할 수 있는 것이라
고 생각하는 사람들이 있다.

> *Hint* 무엇이든지 하고 싶은 것＝*whatever they want(to do)*

---

39 고도성장의 시대에는 물건을 버리는 것이 미덕이라고 생각된다.

> *Hint* 고도성장＝*high economic growth*, 미덕＝*virtue*

---

40 일주일 동안 증권시장이 급등하고 있다.

> *Hint* 증권시장＝*stock market*, 급등하다＝*be soaring*

---

41 정말 임금은 올랐다. 그러나 동시에 물가도 계속 오르고 있다.

> *Hint* 임금＝*wages*, 물가＝*prices*

---

42 우리는 평화와 정의를 유지하기 위해 최선을 다해야 한다.

> *Hint* 정의 = *justice,* 유지하다 = *maintain*

---

43 언론의 자유 없이 사회의 발전이 있을 수 없다.

> *Hint* 언론의 자유 = *freedom of speech*
>
> 있을 수 없다 = *there can be no* ~

---

44 회사가 불황으로 재정적 어려움을 겪고 있다.

---

45 언론의 자유는 결코 위배되어서는 안 된다.

> *Hint* 권위의 *shall*(법조문, 규약, 조례, 성경 등)

[참조] 단순미래/의지미래(will, shall)

1　인간을 그의 직업에 의해 판단하는 것은 잘못이다.

> *Hint*　직업＝*occupation,*　판단하다＝*judge*

2　그는 결코 거짓말할 사람이 아니다.

> *Hint*　～할 사람이 아니다＝*be the last man to ～*

3　오늘 할 수 있는 것을 결코 내일로 미루지 마시오.

> *Hint*　오늘 할 수 있는 것＝*what can be done today*
> 　　　　미루다＝*put off*

4　가장 아름다운 사람이 모든 사람의 사랑을 받는 것은 아니다.

5　누구든 노력하지 않고 인생에서 성공할 수는 없다.

> *Hint*　노력＝*effort*

6 다른 사람의 결점은 찾기 쉽지만, 자기 결점은 찾기 어렵다.

Hint 결점을 찾다=*find fault with*

---

7 우리는 성공보다 오히려 실패에서 더 많은 것을 배운다.

---

8 시간을 될 수 있는 대로 선용해야 한다.

Hint 선용하다=*make the good use of*

---

9 인생은 종종 항해에 비유된다.

Hint 항해=*voyage,* 비유하다=*compare to*

---

10 어떤 점에서는 인간이 자연보다 현명하다고 생각되는지 모른다.

Hint 어떤 점에서는=*in some respects*

생각되는지 모르다=*it may be thought*

---

11 나에게는 자랑할 만한 특별한 재주가 없다.

Hint 자랑하다=*boast of,* 특별한 재주=*special skill*

---

12 친구로서 당신에게 이익을 줄 수 없는 사람은 어느 때고 적이 되어 당신을 해칠 수 있다.

> *Hint* 이익을 주다＝*profit,* 해치다＝*injure,* 어느 때고＝*at any time*

---

13 괴로울 때 우리를 도와준 사람을 우리는 결코 잊지 못한다.

> *Hint* 괴로울 때＝*when we are in distress*

---

14 스스로 배우려는 생각이 없으면 가르치려고 해도 소용이 없다.

> *Hint* 소용이 없다＝*it is(of) no use to ～,* 생각＝의도＝*intention*

---

15 그는 대단한 거짓말쟁이라는 것을 알았기 때문에 사람들은 그가 무슨 말을 해도 믿지 않았다.

> *Hint* 대단한 거짓말쟁이＝*a great liar*

---

16 그는 항상 약속을 지키기 때문에 친구들의 신임을 얻고 있다.

> *Hint* 약속을 지키다＝*keep one's word*
>
> 친구들의 신임을 얻고 있다＝*have his friends' confidence*

---

17   그는 항상 강자에 대항하여 약자 편에 섰다.

Hint   편에 서다＝*be on the side of,* 약자＝*the weak*

강자＝*the strong*

---

18   그는 세상을 많이 알고 있다.

Hint   알고 있다＝보아 왔다＝have seen

---

19   솔직히 말해서 당신이 세상을 보는 눈은 너무 낙관적이다.

Hint   솔직히 말해서＝*frankly speaking*

세상을 보는 눈＝세상에 대한 관점＝*the view of the world*

낙관적인＝*optimistic*

---

20   한 번 잃어버린 시간은 다시 돌아오지 않는다.

Hint   한 번 잃어버린 시간＝*time once lost*

---

21   없는 데서 남의 흉을 보아서는 안 된다.

Hint   없는 데서＝*behind one's back,* 흉을 보다＝*speak ill of*

---

22 사람들 대부분이 자칫 자기 생각만 하기 쉬운 것은 유감스러운 노릇이다.

> *Hint* 자칫 ~하기 쉽다=*be liable to*
> 자기 생각만 하다=*think only about oneselves*
> 유감스럽다=*be regrettable*

---

23 사람은 그가 사귀는 친구를 보면 안다.

> *Hint* 사귀는 친구=*the company he keeps*, 안다=*be known*

---

24 끝이 좋으면 모든 것이 좋다.

> *Hint* '끝이 좋은 것은 모두 좋다'로 바꿔 작문할 것.

---

25 자유는 존중되어야 하지만, 그 자유에는 한계가 있다.

> *Hint* 존중하다=*respect*, 한계=*limits*

---

26 남이 나에게 해 주었으면 하는 대로 남에게 하라.

> *Hint* 남이 나에게 해 주었으면 하는 대로=*as you would be done by(others)*

27 그는 여생을 편안하게 지냈다.

Hint 편안하게 = *in comfort*

여생을 지내다 = *live for the rest of one's life*

---

28 나는 때때로 내 인생을 다시 한 번 되풀이할 수 있으면 얼마나 좋을까 하고 생각한다.

Hint 인생을 다시 한 번 되풀이하다 = *live one's life over again*

~할 수 있다면 = *if I could*

---

29 인간은 동물과 신 사이의 존재라고 흔히 말해진다.

Hint 존재 = *a being*, ~라고 말해지다 = *it is often said that* ~

---

30 참된 자유란 멋대로 행동하는 것이 아니라 자신의 양심에 따르는 것이다.

Hint 멋내로 행동하나 = *behave as one will*

양심에 따르다 = 양심에 복송하다 = *obey one's conscience*

---

31 인간에겐 자기 생각에 너무 의지하는 위험이 있다.

Hint 의지하다 = *rely upon*, 위험이 있다 = *there is danger*

---

32 외국여행을 자주 한 사람들은 결국 사람들은 어디나 꼭 같다고 말한다.

> *Hint* 사람들은 어디나＝세계의 여러 인종의 사람들은＝*people of the world*, 결국＝*after all*

33 나는 그처럼 진지하고 근면한 젊은이를 본 적이 없다. 나는 그가 언젠가 상당한 인물이 될 것이라고 확신한다.

> *Hint* 진지한＝*sincere*, 근면한＝*industrious*, 언젠가＝*someday* 상당한 인물＝*a somebody*

34 한국이 좋은 나라여서가 아니라 조국이기 때문에 사랑합니다.

> *Hint* ～가 아니라 ～이기 때문에＝*not because ～, but because ～*

35 그는 보기처럼 나쁜 사람이 아니다.

> *Hint* 보기처럼＝*as he looks*

36 내가 알고 있는 한, 그 사람만큼 사람들에게 신임을 받고 있는 사람은 거의 없다.

> *Hint* 내가 알고 있는 한＝*as far as I know*, 신임하다＝*trust*

37　나는 그 사람만큼 편지 쓰기 싫어하는 사람을 본 적이 없다.

Hint　편지 쓰기 싫어하는 사람＝*a bad correspondent*

38　중요한 것은 여러분이 자기의 최선을 다했는가 하는 점이다.

Hint　중요한 것은＝*what is important*

최선을 다하다＝*do one's best*

39　인생이 멋지다고 생각하게 된 것은 내가 30을 지나서였다.

Hint　30을 지나서였다＝30까지는 아니었다＝*it was not until I was past thirty that ~*, 멋진＝*wonderful*

40　한 인간의 가치는 그가 가진 것이 아니라 그의 사람됨에 있다.

Hint　그가 가진 것＝*what he has*, 사람됨＝*what he is*

한 인간의 가치＝*a man's worth*, ~에 있다＝*lie in ~*

41　천재라고 불리는 대부분의 사람들은 각별한 노력에 의해 성공한 사람들이다.

Hint　천재＝*genius*, 각별한＝*exceptional*

1　그는 살림이 어렵다.

> *Hint*　살림이 어렵다(편하다)＝*be badly off(be well off)*

2　어려운 때를 대비해서 저축을 하는 것이 좋다.

> *Hint*　어려운 때＝*a rainy day,*　～하는 것이 좋다＝*had better V*

3　백화점에서 기성복을 한 벌 샀습니다.

> *Hint*　백화점＝*a department store,*　기성복＝*a ready−made suit*

4　오늘 저녁은 외식을 하려고 합니다.

> *Hint*　외식하다＝*eat out*

5　아버님은 조반을 들면서 조간신문을 보십니다.

> *Hint*　조간신문＝*morning papers*

---

6 저한테 밥 세 공기는 충분치 않습니다.

> *Hint* 밥 세 공기 = *three bowls of rice*

---

7 그가 하는 말이 옳다고 생각한다.

> *Hint* 그가 하는 말 = *what he says*

---

8 시험은 생각했던 것보다 훨씬 쉬웠다.

> *Hint* 생각했던 것보다 = *than I had expected*

---

9 나는 그가 그처럼 성공하리라고는 생각하지 않았다.

> *Hint* 그처럼 = *like that*

---

10 서두르느라고 지갑을 가져오는 것을 잊었다.

> *Hint* 서두르느라고 = *in my hurry*, 지갑 = *purse*

---

11 열심히 일하는 사람은 성공할 것이다.

---

12   당신의 시계를 어디서 샀습니까?

> *Hint*   당신의 시계 = *that watch of yours*

---

13   처음 뵙겠습니다.

---

14   그처럼 오래 기다리시게 해서 죄송합니다.

> *Hint*   죄송합니다 = *I'm sorry,* 그처럼 오래 = *so long; for such a long time*

---

15   가족 여러분에게 안부 전해 주십시오.

> *Hint*   안부를 전하다 = *give my best regards to*

---

16   새해 복 많이 받으십시오.

---

17   부탁드릴 것이 있는데요.

> *Hint*   부탁하다 = *ask a favor*

---

18 여행을 즐기시기 바랍니다.

___

19 머리를 깎아야겠다.

> *Hint* 머리를 깎다＝*have one's hair cut*

___

20 어머니는 가방을 도둑맞았다.

> *Hint* 도둑맞다＝*had something stolen*

___

21 나는 그 도둑이 도망가는 것을 보았다.

> *Hint* 도망가다＝*run away*

___

22 뭔가 타는 냄새가 난다.

___

23 왜 그런 생각을 하십니까?

> *Hint* '무엇이 당신으로 하여금 그처럼 생각하게 만들었습니까'로
> 바꿔 작문할 것.

___

24 나는 그가 50세쯤이라고 생각한다.

Hint 생각하다＝추측하다＝*guess*

---

25 어제 김선생님을 찾아갔는데, 집에 아무도 없었다.

Hint 찾아가다＝*call on*

---

26 차를 보내드릴까요?

Hint ～할까요?＝*shall I ～?*

---

27 이 편지가 누구에게 온 것이라고 생각하십니까?

---

28 송 교수님과 얘기하는 저분은 누구입니까?

---

29 신문 좀 빌려 주십시오.

---

30 내일 오후에 찾아가 뵙고 싶습니다. 댁에 가시겠습니까?

> *Hint* ～하고 싶다 ＝ *would like to* ～

---

31 전에 만난 일이 있어서 그를 곧 알아보았다.

> *Hint* 알아보다 ＝ *know; recognize*

---

32 증기기관은 와트에 의해 발명됐다.

> *Hint* 증기기관 ＝ *steam engine*

---

33 우리는 앤더슨 씨에게서 영어를 배웠다.

---

34 내일 몇 시에 찾아가 뵐까요?

---

35 여기서 약 10년가량 살았는데, 드디어 이사하기로 작정했습니다.

> *Hint* 이사하다 ＝ *move,* 작정하다 ＝ *decide*

---

36 이 신발은 고치면 더 신을 수 있을까요?

> *Hint* 신발을 고치다＝*have one's shoes repaired*, 신다＝*wear*

---

37 영국 사람은 알게 되어서 친해지면 틀림없이 집에 초청한다.

> *Hint* 알게 되다＝*make one's acquaintance*, 틀림없이＝*invariably*

---

38 아버지는 텔레비전을 보실 때보다 일하실 때 훨씬 더 긴장을 푸시는 것 같다.

> *Hint* 긴장을 풀다＝*be relaxed*

---

39 아무 때고 좋을 때 놀러 오십시오.

> *Hint* 아무 때고 좋을 때＝*whenever you like*

---

40 지난 수년 동안 생활수준이 현저히 높아졌다.

> *Hint* 생활수준＝*the standard of living*
> 지난 수년 동안＝*these past several years; for the past few years*,
> 현저히＝*considerably; remarkably*

---

41 우리는 새로운 생활양식에 순응해야 한다.

Hint 순응하다＝*accommodate oneselves to*

새로운 생활양식＝*the new way of living*

---

42 사람을 방문할 때에는 미리 형편을 물어보아야 한다.

Hint 방문하다＝*call on,* 미리＝*in advance*

형편＝편리하지 않은지＝*whether it is convenient for him or not*

---

43 그 밝은 색깔의 빨강 드레스가 잘 어울린다.

Hint 밝은 색깔의 빨강＝*bright red,* 어울리다＝*you look nice in*

---

44 당신 옷의 사이즈는 무엇입니까?

---

45 이 코트는 저에게 한 치수 큽니다.

Hint 한 치수＝*one size*

---

46 양복은 한복보다 활동하기에 더 편하다.

> *Hint* 양복＝*western clothes*, 한복＝*Korean clothes*
>
> 편하다＝*be convenient*, 활동하기에＝일하기에＝*for working*

---

47 양지바른 남향집은 살기 좋다.

> *Hint* 양지바른＝*sunny*, 남향집＝*a house facing the south*
>
> 살기 좋다＝*be comfortable to live in*

---

48 최근 집을 신축했는데, 내 방은 2층에 있다.

> *Hint* 집을 신축하다＝*have a new house built*
>
> 2층＝*the second floor*(미국); *the first floor*(영국)

---

49 지난 수년 동안 이 근처에 집들이 들어찼다.

> *Hint* 집들이 들어차다＝*houses crowded*, 이 근처＝*this area*

---

50 지하철역에서 가깝기 때문에 그 아파트를 빌렸다.

> *Hint* 빌리다＝*rent*, 지하철＝*subway*

---

51   이 과일을 먹게 되면 적어도 2주일은 걸릴 것이다.

Hint 먹게 되다＝*become good to eat; become eatable*

---

52   성공한다는 것은 반드시 부자가 되는 것을 의미하지 않는다.

Hint 반드시 ～인 것을 의미하지 않는다＝*does not always mean ～*

---

53   쌀은 한국의 음식 중에서 가장 중요하다.

Hint 한국의 음식＝*Korean foods*

---

54   아름다운 꽃이 항상 향기로운 것은 아니다.

Hint 항상 ～인 것은 아니다＝*be not always ～*, 향기로운＝*fragrant*

---

55   거리에 먼지가 많아서 눈을 뜨고 걸을 수가 없었다.

Hint 먼지가 많다＝*be dusty*, 눈을 뜨고 걷다＝*walk with eyes open*

---

56   제발 그렇게 흥분하지 말고 제 말을 끝까지 들어 주세요.

Hint 제발＝*please*, 흥분하다＝*get excited*

---

57 그가 어떻게 그것을 했는지는 수수께끼다.

> *Hint* 수수께끼 = *mystery*

---

58 구리는 쇠 다음으로 가장 중요한 금속이다.

> *Hint* ~ 다음으로 = *second to* ~, 금속 = *metal*

---

59 사람은 자기의 성격을 고려해서 직업을 택하는 것이 좋다.

> *Hint* 성격 = *disposition*, 직업 = *occupation*
>
> 고려하다 = *take something into consideration*

---

60 여름은 낮이 길지만 느른해서 일이 잘 안 되고, 반면에 겨울은 낮

이 짧지만 일이 잘 된다.

> *Hint* 낮 = *days*, 느른하다 = *feel dull*
>
> 반면에 = *while; on the other hand*
>
> 일이 잘 (안)되다 = *can (not) work well*

---

61 신문의 주된 목적은 매일매일의 사건을 될 수 있는 대로 빨리 보도

하는 것이다.

> *Hint* 주된 목적 = *the chief object; the chief aim*
>
> 매일매일의 = *daily*, 사건 = *events*

---

62 그는 할 수 없이 학교를 그만두었다.

> *Hint* 할 수 없이 ~하다 = *be obliged to* ~
>
> 학교를 그만두다 = *leave school*

---

63 회복하셨다는 말을 듣고 우리는 매우 기뻐하고 있습니다.

> *Hint* 회복 = *recovery*, 기뻐하고 있다 = *be pleased*

---

64 그의 아저씨가 아흔 살이란 말을 듣고 놀랐다.

> *Hint* 놀랐다 = *be surprised*

---

65 혹시 그를 만나게 되면 그렇게 말해 주십시오.

> *Hint* 혹시 ~하게 되면 = *if you should* ~

---

66 인간은 일곱 시간만 자면 충분하다고 들었습니다만, 저는 여덟 시간 이상 자지 않으면 머리가 맑아지지 않습니다.

> *Hint* ~라고 들었다 = *I am told*
>
> 머리가 맑아지다 = *my head gets clear*

67 다리를 다쳤기 때문에 전혀 걸을 수가 없었다.

Hint 다리를 다쳤기 때문에 = *wounded in the leg*

---

68 그 소년은 점심을 먹지 않았기 때문에 매우 배가 고팠다.

Hint 점심을 먹지 않았기 때문에 = *having had no lunch*

---

69 나는 그에게서 돈을 빌린 기억이 없는데 그는 돈을 갚으라고 고집했다.

Hint 기억이 없다 = *I don't remember,* 고집하다 = *insist*

---

70 우리는 오늘날 라디오나 텔레비전으로 강의를 들을 수 있다.

Hint 라디오나 텔레비전으로 = *on the radio or on television*

---

71 우리는 자기가 놓인 처지를 밝게 보는 습관을 붙여야 한다.

Hint 자기가 놓인 처지 = *the circumstances in which we are placed,* 습관을 붙이다 = *form a habit*

---

72 그가 실패한 것은 오로지 그가 게으른 탓이다.

Hint 오로지 ～인 탓이다 = *simply because ～*

---

73 나는 당신이 스웨터를 산 곳에서 외투를 샀습니다.

> *Hint* 외투＝*overcoat*, 스웨터＝*sweater*

---

74 들으려고 하지 않기 때문에 나는 더 이상 말하지 않겠다.

> *Hint* ～하려 하지 않는다＝*will not* ～
> 더 이상 ～하지 않겠다＝*I will not* ～*any more*

---

75 그는 가족이 편안하게 살 수 있도록 열심히 일한다.

> *Hint* 편안하게 살다＝*live in comfort*
> ～할 수 있도록＝*in order that* ～; *so that* ～

---

76 그는 부자지만 만족하지 않는다.

> *Hint* 만족하다＝*be content*

---

77 찬바람이 들어오지 않도록 창문을 닫으시오.

> *Hint* ～하지 않도록＝*lest* ～ *should* ～

---

78 다리가 너무 낡아서 걷기가 무서웠다.

> *Hint* ~하기가 무섭다＝*be afraid to ~*, 낡은＝*old*

---

79 비록 사업에서 실패했지만 그는 실망하지 않고 전과 마찬가지로 여

전히 유쾌하게 일하고 있다.

> *Hint* 실망하다＝*be discouraged*, 전과 마찬가지로 여전히 유쾌하
>
> 게＝*be working on as cheerfully as ever*

---

80 대도시에 사는 사람들은 신선한 공기를 호흡하기 위해 때때로 산에

오르고 바다에 가는 것이 필요하다.

> *Hint* ~하는 것이 필요하다＝*it is necessary to ~*
>
> 대도시에 사는 사람들＝*those who live in large cities*
>
> 산에 오르다＝*climb a mountain*
>
> 바다에 가다＝*go to a seashore*

---

81 그 기회를 놓쳐야만 하는 것은 참으로 유감스럽다.

> *Hint* 참으로 유감스럽다＝*it is really regrettable that ~*
>
> 놓쳐야만 하다＝*have to lose*

---

82 우리 한국 사람들이 한국을 사랑하는 것은 지극히 당연하다.

> *Hint* ~하는 것은 지극히 당연하다＝*it is quite natural that* ~
> 우리 한국 사람들＝*we Koreans*

---

83 머지않아 열 사람 가운데 한 사람은 자기 차를 가지게 될 것이다.

> *Hint* 머지않아＝*soon; it won't be long before* ~
> 열 사람 가운데 한 사람＝*one out of ten,* 가지다＝*own*

---

84 노인들은 많이 자지 않아도 된다고 하지만 그건 사실이 아니다.

> *Hint* ~라고 하다＝~라고 말해진다＝*it is said*

---

85 오늘날 10대는 책을 거의 읽지 않는다. 이것은 그들이 텔레비전을
보기 때문이라고 말해진다.

> *Hint* 10대＝*teenagers,* 거의 ~하지 않는다＝*rarely*
> ~라고 말해진다＝*it is said* ~＝~라고 사람들은 말한다
> ＝*people say that* ~

---

86 사고는 흔히 부주의 때문에 일어나지만, 그 밑바닥에 있는 것은 다른 사람의 생명과 안전에 대한 경시다.

> *Hint* 사고＝*accidents*, 일어나다＝*happen*, 경시＝*negligence*
> 그 밑바닥에는 ～이 있다＝*fundamentally there lies*

---

87 급한 일 때문에 약속시간에 오지 못했다.

> *Hint* 급한 일＝*urgent business*, 약속시간＝*appointed time*

---

88 사람들은 광고 때문에 때때로 필요하지도 않은 물건을 산다.

> *Hint* 광고＝*advertisement*
> 필요하지도 않은 물건＝*things they don't need*

---

89 일찍 일어나는 습관처럼 건강에 좋은 것은 없다.

> *Hint* 일찍 일어나는 습관＝*the habit of early rising*

---

90 결점이 없는 사람은 없다. 따라서 중요한 것은 다른 사람의 장점을 보려고 노력하는 것이다.

> *Hint* ～이 없는 사람은 없다＝*nobody is free from ～*
> 결점＝*defects*, 중요한 것은＝*what is important*, 장점＝*virtues*

91 양식이 있는 사람이라면 누구도 그런 짓은 하지 않을 것이다.

> *Hint* 양식이 있는 사람＝*man with good sense*

---

92 인간 이외의 동물은 제아무리 똑똑하더라도 불을 피워 이용하지 못한다.

> *Hint* 제아무리 똑똑하더라도＝*however clever it may be*
> 불을 피우다＝*make fire*

---

93 이 일이 완전히 끝난 뒤에 실컷 쉴 수 있다고 생각하면 기쁘다.

> *Hint* 이 일이 완전히 끝난 뒤에＝*when this work is completely finished,* 실컷 쉬다＝*take a good long rest*
> ～라고 생각하면 기쁘다＝*I am happy to think that ～*

---

94 인생에 있어서의 행복은 환경이 아니라 행복을 얻으려는 노력에 달려 있다.

> *Hint* 인생에 있어서의 행복＝*happiness in life*
> ～에 달려 있다＝*depend on ～*
> ～을 얻으려는 노력＝*the efforts one make to attain ～*

---

95 그녀는 항상 남편의 흉만 본다.

Hint 흉을 보다 = ~에 대해 불평하다 = *complain of*

---

96 이 잡지를 다 보고 나면 빌려드리겠습니다.

Hint 보고 나면 = *when I have done with it*

---

97 그는 하도 순진해서 누구한테도 나쁜 소리를 듣지 않는다.

Hint 순진하다 = *be innocent,* 나쁜 소리를 듣다 = *be spoken ill of*

---

98 내일 어떤 일이 일어날지 아무도 모른다. 우리가 할 수 있는 일은

오늘 최선을 다하는 것뿐이다.

Hint 우리가 할 수 있는 일은 ~뿐이다 = *all we can do is ~*

---

99 위대해진다는 것과 유명해진다는 것은 전혀 별개의 것이다.

Hint A와 B는 전혀 별개의 것이다 = *A is one thing, and B is quite another*

Chapter 7

품사 및 구조별 문장전환(Rewriting)

Rewriting에는 우선 주어진 영문을 올바로 이해하는, 즉 해석력이 필요하다. 더욱 그 영문을 무엇인가의 지시에 따라서 다른 형으로 표현하려면 문법이나 관용을 저력으로 삼은 작문력이 요구된다. 문장전환에는, 일정한 지시ㆍ제약이 주어지는 수가 많으므로, 정답문은 대체로 하나로 조여든다. 영어학습 중에서의 문장전환의 효과가 높이 평가되어야 하는 또 하나의 이유는, 해석ㆍ작문을 일체로 해서 다루는 것은 외국어학습의 정통이므로 Rewriting을 배우는 가치는 영어 그 목표의 접근으로서의 본질적인 것이라 하겠다.

Part I 1. 부정사에 관한 문장전환

<u>부정사 구문(단문)→(주로) 복문(*Rule* 1→17)</u>

1. a) 1) We believe him to be honest.

→ ____

2) We believed him to be honest.

→ ____

b) 1) I expect her to get well soon.

→ ____

2) I expected her to get well soon.

→ ____

c) The teacher told {ordered} us to be quiet.

→ ____

2. He promised me to come in time.

→ ____

3. a) He seems to be ill.

→ _______________________________________

b) He seemed to be ill.

→ _______________________________________

c) He seems to have been ill.

→ _______________________________________

d) He seemed to have been ill.

→ _______________________________________

4. a) He is said to be a genius.

→ _______________________________________

b) He is expected to win the race.

→ _______________________________________

5. a) I happened {chanced} to be out when he called last night.

→ _______________________________________

b) There happened to be nobody in the room.

→ _______________________________________

6. a) It is wrong to tell a lie.

→ _______________________________________

b) It is necessary for him to work harder.

→ _______________________________________

c) It is very kind of you to help me.

→ _______________________________________

7. *a)* *I think it wrong to cheat at cards.*

→ ____

   b) *I think it difficult for him to stop smoking.*

→ ____

8. *a)* *He is certain to succeed.*

→ ____

   b) *You are sure to win.*

→ ____

9. *a)* *I have nothing to do.*

→ ____

   b) *There was nobody to answer the question.*

→ ____

   c) *Tell me the best way to learn English.*

→ ____

10. *a)* *He was the first {last} man to come.*

→ ____

   b) *He is the last man to betray you.*

→ ____

11. *a)* *1) He has no house to live in.*

→ ____

   2) He had no friends to rely upon.

→ ____

b) This is just the book for us to read.

→ ____

12. *a) He is too young to climb Mt. Hanra.*

→ ____

 b) He is rich enough to buy a new car.

→ ____

 c) He was too clever not to solve the quiz.

→ ____

 d) He is too nervous a man to sleep well.

→ ____

 e) This book is too difficult for me to read.

→ ____

 f) This book is easy enough for me to read.

→ ____

13. *a) He works hard to {in order to, so as to} succeed.*

→ ____

 b) I walked softly so as not to make a noise.

→ ____

 c) I stepped aside for him to pass.

→ ____

14. *a) I am glad to hear of your promotion.*

→ ____

 b) He would be sorry to know the results.

→ ____

15. a) Tell me what to do next.

→ ____

   b) You had better stay here.

→ ____

16. a) He worked hard only to fail.

→ ____

   b) I awoke to find him standing at the door.

→ ____

17. a) I would rather stay than go.

→ ____

   b) I can't but pity him.

→ ____

※ 1. 부정사 1~17번 정답
1. a) 1) We believe that he is honest.
2) We believed that he was honest.
b) 1) I expect that she will get well soon.
2) I expected that she would get well soon.
c) The teacher told [ordered] us that we should be quiet.
2. He promised me that he would come in time.
3. a) It seems that he is ill.
b) It seems that he was ill.
c) It seems that he was [has been] ill.
d) It seemed that he had been ill.
4. a) It is said [They say] that he is a genius.
b) It is expected that he will win the race.
5. a) It (so) happened [chanced] that I was out when he called last night.
b) It (so) happened that there was nobody in the room.

6. a) It is wrong that we [you, one] should tell a lie.

   b) It is necessary that he should work harder.

   c) You are very kind to help me.

7. a) I think it wrong that one should cheat at cards.

   b) I think it difficult that he should stop smoking.

8. a) It is certain that he will succeed.

   b) I am sure that you will win.

9. a) I have nothing (that) I should do.

   b) There was nobody who[that] answered [could answer] the question.

   c) Tell me the best way I should [can] learn English.

10. a) He was the first [last] man that came.

    b) He is (the) most unlikely (man) to betray you.

11. a) 1) He has no house in which he is to live [he is to live in].

       2) He had no friends upon whom he could rely [he could rely upon].

    b) This is just the book that we should read.

12. a) He is so young that he can't climb Mt. Hanra.

    b) He is so rich that he can buy a new car.

    c) He was so clever that he could solve the quiz.

    d) He is such a nervous man that he can't sleep well.

    e) This book is so difficult that I can't read it.

    f) This book is so easy that I can read it.

13. a) He works hard so that he may [can] succeed.

    b) I walked softly lest I (should) make a noise.

    c) I stepped aside so that he might pass.

14. a) I am glad because I hear of your promotion.

    b) He would be sorry if he knew the results.

15. a) Tell me what I should do next.

    b) It would be better for you to stay here.

16. a) He worked hard, but (he) failed after all.

    b) I awoke and found him standing at the door.

17. a) I prefer staying to going.

    b) I can't help pitying him.

Part Ⅰ 2. 동명사에 관한 문장전환

<u>동명사→(주로) 복문·부정사(*Rule* 1→12)</u>

1. *a)* I have little hope of winning the game.

→ ____

   b) There is little hope of my winning the game.

→ ____

2. *a)* There is no doubt about his being rich.

→ ____

   b) There is no doubt about his having been rich.

→ ____

3. I called on him with the idea of giving him advice.

→ ____

4. *a)* I suggested(our) playing tennis.

→ ____

   b) I remember meeting him in Paris.

→ ____

   c) He denied having broken the window.

→ ____

   d) I regret being unable to help you.

→ ____

5. a) He insists on paying the bill.

→ ____

b) He insisted on my paying the bill.

→ ____

c) I reminded him of his having given me a promise.

→ ____

6. a) I am sure of his arriving in time.

→ ____

b) He is proud of his father(s) having improved this machine.

→ ____

c) I am sorry for having broken your pen.

→ ____

7. a) On receiving a telegram, he hastened to the airport.

→ ____

b) On the clock striking ten, he turned on the radio to hear the news.

→ ____

8. I cannot see this picture without being reminded of my school days.

→ ____

9. We sat still for fear of waking him.

→ ____

10. There is no telling what will happen.

→ ____

11. a) This is the sweater of her own knitting.

→ ______________________________________

b) There is no good reason for his refusing it.

→ ______________________________________

12. a) 1) Would you mind opening the window?

→ ______________________________________

2) Do you mind my joining you?

→ ______________________________________

b) I can't help objecting to his plan.

→ ______________________________________

c) My favorite dog is on the point of dying.

→ ______________________________________

d) I don't feel like dining out this evening.

→ ______________________________________

e) This book is worth reading carefully.

→ ______________________________________

〈Note〉 —

1. a) I have little hope that I shall win the game.

   b) There is little hope that I shall win the game.

2. a) There is no doubt that he is rich.

   b) There is no doubt that he was rich.

3. I called on him with the idea that I might give him advice.

4. a) I suggested that we should play tennis.

   b) I remember that I met him in Paris.

   c) He denied that he had broken the window.

   d) I regret that I can't help you.

5. a) He insists that he shall [will] pay the bill.

   b) He insisted that I should pay the bill.

   c) I reminded him that he had given me a promise.

6. a) I am sure that he will arrive in time.

   b) He is proud that his father (has) improved this machine.

   c) I am sorry that I have broken your pen.

7. a) As soon as he received a telegram, he hastened to the airport.

   b) When the clock struck ten, he turned on the radio to hear the news.

8. Whenever I see this picture, I am reminded of my school days.

9. We sat still lest we (should) [so as not to] wake him.

10. It is impossible to tell what will happen.

11. a) This is the sweater that she has knit herself.

    b) There is no good reason why he should refuse it.

12. a) 1) Would you please open the window?

       2) Do you mind if I join you?

    b) I can't but object to his plan.

    c) My favorite dog is going [is about] to die.

    d) I don't feel [am not] inclined to dine out this evening.

    e) This book is worthy of careful reading [worthy to be read carefully].

Part I 3. 분사에 관한 문장전환

<u>분사→절(복문·중문)(*Rule* 1→8)</u>

1. *a)* *A tanker is a ship having tanks for oil.*

→ ____

   b) *The girl working there is his secretary.*

→ ____

   c) *The windows broken by the storm have been repaired.*

→ ____

2. *a)* *Walking through the park, I met Mr. Brown.*

→ ____

   b) *Having done the work, he went out for a walk.*

→ ____

3. *a)* *Feeling very thirsty, I asked for a water.*

→ ____

   b) *Not knowing what to answer, I kept silent.*

→ ____

   c) *Having been encouraged by the teacher, Tom worked all the harder.*

→ ____

4. *a)* *Admitting what you say, I still think you made a mistake.*

→ ____

   b) *Seen from the tower, the river would look like a snake.*

→ ____

5. a) *Tired out, he talked very little.*

→ ____

  b) *Born and bred in the country, he knew many plants and animals.*

→ ____

6. a) *The sun having set, we made a campfire.*

→ ____

  b) *The last bus having gone, I had to call a taxi.*

→ ____

  c) *Other things being equal, I would have this room.*

→ ____

  d) *Granted(that) he meant no harm, he should be blamed.*

→ ____

7. a) *Judging from his report, the situation is becoming worse.*

→ ____

  b) *Generally speaking, women are more sensitive than men.*

→ ____

  c) *Taking all things into consideration, he should be given the prize.*

→ ____

8. a) *Writing something on a piece of paper, he handed it to the boy.*

→ ____

  b) *I hurried to the station, arriving too late for the express.*

→ ____

  c) *There being nothing more to do, I went to bed earlier.*

→ ____

d) He walked along the street, with his dog following behind.

→ ____

<table>
<tr><td colspan="1">※ 3. 분사 1~8번 정답</td></tr>
</table>

※ 3. 분사 1~8번 정답
1. a) A tanker is a ship which has tanks for oil.
b) The girl who is working there is his secretary.
c) The windows which were broken by the storm have been repaired.
2. a) When [As, While] I was walking through the park, I met Mr. Brown.
b) After [When] he had done the work, he went out for a walk.
3. a) As [Since] I felt very thirsty, I asked for water.
b) As I didn't know what to answer, I kept silent.
c) As he had been encouraged by the teacher, Tom worked all the harder.
4. a) Though I admit what you say, I still think you made a mistake.
b) If it were seen from the tower, the river would look like a snake.
5. a) As he was tired out, he talked very little.
b) As he was born and bred in the country, he knew many plants and animals.
6. a) When the sun had set, we made a campfire.
b) As [Since] the last bus had gone, I had to call a taxi.
c) If other things were equal, I would have this room.
d) Though it is granted that he meant no harm, he should be blamed.
7. a) If we judge from his report, the situation is becoming worse.
b) If we speak generally, women are more sensitive than men.
c) If [When] we take all things into consideration, he should be given the prize.
8. a) He wrote something on a piece of paper and handed it to the boy.
b) I hurried to the station, but arrived too late for the express.
c) There was nothing more to do, and [so] I went to bed earlier.
d) He walked along the street and his dog followed behind.

〈Note〉 —

Part Ⅰ 4. 태(態)에 관한 문장전환

<u>Active(능동)→Passive(수동)(*Rule* 1→14)</u>

1. a) She makes a pretty doll.

→ ____

b) She makes pretty dolls.

→ ____

c) She made this pretty doll.

→ ____

d) She made these pretty dolls.

→ ____

2. a) He sent me pretty flowers.

→ ____

b) He wrote me a long letter yesterday.

→ ____

3. a) He asked us several questions.

→ ____

b) He asked several questions of each pupil.

→ ____

c) Parents expect too much of {from} children.

→ ____

4. a) The boys elected him captain.

→ ____

b) The students found the problem difficult.

→ ____

c) The teacher heard them complaining of it's difficulty.

→ ____

5. *a) All listened to him.*

→ ____

  b) The director gave up the original plan.

→ ____

  c) The villagers looked up to him as a good teacher.

→ ____

6. *a) 1) He reminded me of my resolution not to smoke.*

→ ____

   2) He will supply me with all I want.

→ ____

  b) The shock robbed him of speech.

→ ____

7. *a) They speak English in Australia.*

→ ____

  b) We ought to keep promises.

→ ____

  c) Someone threw stones at the window.

→ ____

8. *a) Who wrote this letter?*

→ ____

b) What can change my mind?

→ ____

c) 1) Who will you invite?

→ ____

    2) What must you do?

→ ____

9. *a) That makes me think of my future.*

→ ____

b) Did anyone see him go out?

→ ____

c) We felt our boat strike against something hard.

→ ____

d) I have never known him make a mistake in reading.

→ ____

10. *a) You shall not call me a liar.*

→ ____

b) You can rely upon such a man.

→ ____

c) They used to worship the sun.

→ ____

11. *a) Everybody knows this song.*

→ ____

b) The new house pleased my father.

→ ____

12. a) He is painting a picture.

→ ____

   b) He has painted a picture.

→ ____

   c) He had painted a picture.

→ ____

13. a) Do nothing by halves.

→ ____

   b) Don't forget this lesson.

→ ____

14. They {People} say that he is a born poet.

→ ____

15. Let him do it.

→ ____

※ 4. 태 1~14번 정답
1. a) A pretty doll is made by her.
b) Pretty dolls are made by her.
c) This pretty doll was made by her.
d) These pretty dolls were made by her.
2. a) Pretty flowers were sent (to) me by him./I was sent pretty flowers by him.
b) A long letter was written to me by him yesterday.
3. a) We were asked several questions by him.
b) Several questions were asked of each pupil by him.
c) Too much is expected of [from] children by parents.
Children are expected of too much by parents.

4. a) He was elected captain by the boys.

  b) The problem was found difficult by the students.

  c) They were heard complaining of its difficulty by the teacher.

5. a) He was listened to by all.

  b) The original plan was given up by the director.

  c) He was looked up to by the villagers as a good teacher.

  d) These orphans were taken good care of by Mrs. Adams.

     Good care was taken of these orphans by Mrs. Adams.

6. a) 1) I was reminded by him of my resolution not to smoke.

        I will [shall] be supplied by him with all I want.

  b) He was robbed of speech by the shock.

7. a) English is spoken in Australia.

  b) Promises ought to be kept.

  c) Stones were thrown at the window (by someone).

8. a) By whom was this letter written?

  b) By what can my mind be changed?

  c) Who will be invited by you? / What must be done by you?

9. a) I am made to think of my future by that.

  b) Was he seen to go out by anyone?

  c) Our boat was felt to strike against something hard.

  d) He has never been known to make a mistake in reading.

10. a) I will not be called a liar.

  b) Such a man can be relied upon.

  c) The sun used to be worshipped by them.

11. a) This song is known to everybody.

  b) My father was pleased with the new house.

12. a) A picture is being painted by him.

  b) A picture has been painted by him.

  c) A picture had been painted by him.

13. a) Let nothing be done by halves.

  b) Don'let this lesson be forgotten.

14. He is said to be a born poet./It is said that he is a born poet.

15. Let it be done by him.

Part Ⅰ 5. 비교(比較)에 관한 문장전환

형용사·부사의 비교급(Degree)의 교환(*Rule* 1→7)

1. a) Seoul is the largest city in Korea.

> 1) Seoul is→비교급 / 2) No other→비교급 / 3) No other→원급

→ ____

→ ____

→ ____

b) Edward spoke best of all the orators.

> 1) Edward→비교급 / 2) No other→비교급 / 3) No other→원급

→ ____

→ ____

→ ____

2. a) I have never read a more thrilling story than this.

> 1) This is→최상급 / 2) This is→원급

→ ____

b) I have never read such a thrilling story as this.

→ ____

3. a) *There is nothing more important than to know oneself.*

> 1) to know→최상급[it is 최상급＋to～] / 2) to know～as～as
> 3) the most～ ～is to～

→ ____

→ ____

→ ____

b) *There is nothing so important as to know oneself.*

→ ____

4. a) *This watch is less expensive than that.*

→ ____

b) *He spends less time at work than at play.*

→ ____

c) *He is no less clever than this brother.*

→ ____

5. a) *The older he grew, the milder he became.*

→ ____

b) *The faster you drive, the more careful you must be.*

→ ____

6. a) *This house is twice {half, three times} the size of that.*

→ ____

b) *This cloth is superior {inferior} to that.*

→ ____

c) 1) *He is my senior {junior} by three years.*

→ ____

2) He is three years senior {junior} to me.

→ ____

d) I prefer summer to winter.

→ ____

7. *At no other time does she seem to be happier than {so happy as} when she is*

   cooking.

→ ____

※ 5. 비교 1~7번 정답
1. a) 1) Seoul is larger than any other city in Korea. 2) No other city in Korea is larger than Seoul.
3) No other city in Korea is so [as] large as Seoul.
b) 1) Edward spoke better than any other orator.   2) No other orator spoke better than Edward.
3) No other orator spoke so [as] well as Edward.
2. a) 1) This is the most thrilling story that I have ever read.
2) This is as thrilling a story as I have ever read.
b) 2번의 a) 1), 2)와 같다.
3. a) 1) To know oneself is the most important thing(of all). [It is the most important thing(of all). [It is the most important thing to know oneself.]
2) To know oneself is as important as anything else. [It is to~.]
3) The most important thing (of all) is to know oneself.
b) 3번의 1), 2), 3)와 같다.
4. a) This watch is not so expensive as that. = This watch is cheaper than that.
= That watch is more expensive than this.
b) He does not spend so [as] much time at work as at play.
= He spends more time at play than at work.
c) He is as clever as his brother.
5. a) As he grew older, he became milder.
b) As you drive faster, you must be more careful.
6. a) This house is twice [half, three times] as large as that. b) This cloth is better [worse] than that.
c) 1) He is older [younger] than I by three years. 2) He is three years older [younger] than I.
d) I like summer better than winter.
7. 1) She seems to be happiest when she is cooking.
2) When she is cooking, she seems to be happier than at any other time.

Part I 6. 관계사에 의한 문장 통합

1. a) I know the boy./He split some ink on the floor.

→ ____

  b) I saw a man at the club./The man was called Henry.

→ ____

  c) A person's car was stolen./Is he the man?

→ ____

  d) We passed the old house./The roof of the house was damaged in the storm.

→ ____

2. a) He wrote a story./It caused a great sensation.

→ ____

  b) These stamps were very valuable./I had collected them.

→ ____

  c) He is the owner of that horse./The horse won the race.

→ ____

3. a) I have some friends./You are the best friend.

→ ____

  b) I have known many men./He is the kindest man.

→ ____

  c) One after another reached the goal./You are the last.

→ ____

4. a) Do you know the engineer?/I work with him.

→ ____

b) The person was not at home. This parcel was addressed to him.

→ ____

c) The garden was overgrown with weeds./We worked in it.

→ ____

d) He has raised a question./We will deal with it first.

→ ____

5. a) 1) I left my spectacles somewhere./I can't remember the place.

→ ____

2) The village was very quiet./I had lived in it for some years.

→ ____

b) Some day we can travel to the moon./We are waiting for the day.

→ ____

c) Why didn't you join us?/Tell me the reason.

→ ____

d) I managed to find out the secret. This is the way.

→ ____

〈Note〉 –

※ 6. 관계사 1~5번 정답
1. a) I know the boy who spilt some ink on the floor.
b) The man whom I saw at the club was called Henry.
c) Is he the man whose car was stolen?
d) We passed the old house whose roof [the roof of which] was damaged in the storm.
2. a) He wrote a story which [that] caused a great sensation.
b) These stamps which [that] I had collected were very valuable.
c) He is the owner of that horse which won the race.
3. a) You are the best friend that I have.
b) He is the kindest man that I have ever known.
c) You are the last that reached the goal.
4. a) Do you know the engineer with whom I work?
b) The person to whom this parcel was addressed was not at home.
c) The garden in which we worked was overgrown with weeds.
d) He has raised a question, with which we will deal first.
5. a) 1) I can't remember the place where I left my spectacles.
2) The village where I had lived for some years was very quiet.
b) We are waiting for the day when we can travel to the moon.
c) Tell me the reason why you didn't join us.
d) This is the way [how] I managed to find out the secret.

Part I 7. 접속사에 의한 문장 연결(등위접속사)

[A] 등위접속사를 써서 결합시킨다.

1. a) He put on the brake./The car came to a sudden stop.

→ ____

   b) He was once very poor./He has grown rich.

→ ____

2. a) You may be wrong./I may be wrong.

→ ____

   b) He is not to blame./You are not to blame.

→ ____

   c) I am not rich./I don't want to be rich. {······, neither}

→ ____

3. a) He is a scholar./He is a poet, too.
→ 1) both를 써라.

____

→ 2) not only ~but also를 써라.

____

→ 3) as well as를 써라.

____

   b) Tom is good at skating./Tom is good at skiing.

→ ____

4. a) *Hurry up!/You will be in time.*

→ ____

   b) *Hurry up!/You will be late.*

→ ____

   c) *You must handle it carefully./It will be out of order.*

→ ____

5. *He felt no fear./He was very brave.*

→ ____

<table>
<tr><td colspan="1">※ 7. 접속사[A] 1~5번 정답</td></tr>
</table>

※ 7. 접속사[A] 1~5번 정답
1. a) He put on the brake and the car came to a sudden stop.
b) He was once very poor, but he has grown rich.
2. a) Either you are wrong, or I am. [Either you or I am wrong.]
b) Neither he nor you are to blame.
c) I am not rich, neither do I want to be rich.
3. a) 1) He is both a scholar and a poet.
2) He is not only a scholar but also a poet.
3) He is a poet as well as a scholar.
b) Tom is good both at skating and(at) skiing.
4. a) Hurry up, and you will be in time.
b) Hurry up, or you will be late.
c) You must handle it carefully, or [otherwise] it will be out of order.
5. He felt no fear, for he was very brave.

[B] 종속접속사를 써서 복문을 만든다.

1. *a) I am sure of his winning the world's championship.*

→ ____

   b) I doubt the value of such a book.

→ ____

2. *a) At the age of ten he went to America.*

→ ____

   b) Accidents often happen at the crossroads.

→ ____

   c) Because of cold weather the rice plants are backward this year.

→ ____

   d) I took a short cut to get there in time.

→ ____

   e) I was too tired to walk.

→ ____

   f) You had better go.

→ ____

   g) In spite of the high waves they put out to sea.

→ ____

   h) With the approach of summer the hotel had more visitors.

→ ____

   I) As for me, I have no objection.

→ ____

j) 1) You must take medicine in accordance with my instructions.

→ ____

2) You behave like a mere child.

→ ____

※ 8. 접속사[B] 1~2번 정답
1. a) I am sure that he will win the world's championship.
b) I doubt if [whether] such a book is valuable.
2. a) When he was ten(years old), he went to America.
b) Accidents often happen where the roads cross.
c) Because the weather has been cold, the rice plants are backward this year.
d) I took a short cut so that I might[could] get there in time.
e) I was so tired that I could not walk.
f) It would be better for you if you went.
g) Though the waves were high, they put out to sea.
h) As summer was approaching, the hotel had more visitors.
I) So [As] far as I am concerned, I have no objection.
j) 1) You must take medicine as I instructed.
2) You behave as if you were a mere child.

Part I 9. 가정법에 관한 문장전환

1. *a)* *As he is very careful, he will not make a gross mistake.*

→ ____

   b) *As he is not careful, he will make a gross mistake.*

→ ____

   c) *I can't go fishing today, because I have to prepare my lessons.*

→ ____

2. *a)* *As I had an appointment, I could not come earlier.*

→ ____

   b) *As I worked hard till late last night, I feel tired this morning.*

→ ____

3. *a)* *The train stopped, so they escaped death.*

→ ____

   b) *He did not leave Seoul last night, so he is not in Hongkong now.*

→ ____

4. *a)* *Get up right now, and you will not be late for school.*

→ ____

   b) *Get up right now, or you will be late for school.*

→ ____

   c) *A step backward, and you will fall off the cliff into the sea.*

→ ____

5. a) I'm sorry I can't speak English well.

→ ____

  b) I am sorry I gave up the first plan.

→ ____

  c) It's a pity I have to leave you so soon.

→ ____

6. a) If it were not for your help, I could not succeed.
     {Were it not for······,}

→ ____

  b) If it had not been for your help, I could not have succeeded.
     {Had it not been for······,}

→ ____

  c) If you had helped me, I could have succeeded.

→ ____

7. a) A wise man would think more deeply.

→ ____

  b) Another failure would have ruined him.

→ ____

8. a) It would be wrong to think so.

→ ____

  b) The earthquake, happening at midnight, would have caused greater damage.

→ ____

  c) In case of his not coming, I will take his place.

→ ____

1. a) If he were not very careful, he would make a gross mistake.

   b) If he were careful, he would not make a gross mistake.

   c) I could go fishing today, if I didn't have to prepare my lessons.

2. a) If I had had no appointment, I could have come earlier.

   b) If I had not worked hard till late last night, I would[should] not feel tired this morning.

3. a) If the train had not stopped, they could not have escaped death.

   b) If he had left Seoul last night, he would be in Hongkong now.

4. a) If you get up right now, you will not be late for school.

   b) If you don't [Unless you] get up right now, you will be late for school. .

   c) If you took a step backward, you would fall off the cliff into the sea.

5. a) I wish I could speak English well./If only I could speak English well.

   b) I wish I had not given up the first plan./If only I hadn't given up the first plan.

   c) I wish I didn't have to leave you so soon.

6. a) But for [Without] your help, I could not succeed.

   b) But for [Without] your help, I could not have succeeded.

   c) With your help, I could have succeeded.

7. a) If he were a wise man, he would think more deeply.

   b) If he had failed again, it would have ruined him.

8. a) It would be wrong if you [we] thought so.

   b) If the earthquake had happened at midnight, it would have caused greater damage.

   c) If he should [does] not come, I will take his place.

Part Ⅰ 10. 동사의 시제에 관한 문장전환

1. 시제를 지정한 문장전환

⇨ *He writes a letter.*

a) 현재진행형 → ____________________________

b) 현재완료형 → ____________________________

c) 현재완료진행형 → __________________________

d) 미래완료형 → ___________________________

e) 의문문(현재) → ___________________________

f) let을 사용한 명령문 → ________________________

2. 괄호 안에 있는 동사의 <u>현재형을 현재진행형으로</u> 문장전환

a) He usually (leave) his office at seven o'clock, but today he (work) later.

→ ______________________________________

b) He usually (run) very fast, but now he (run) slowly.

→ ______________________________________

c) My cousin (stay) with us this week.

→ ______________________________________

d) It (not rain) much in February.

→ ______________________________________

3. 괄호 안에 있는 동사를 적당한 시제로 바꾸기

a) She (play) the piano when our guests (arrive) last night.

→ ______________________________________

b) He just (come) in, and (meet) you in five minutes.

→ ______________________________________

c) The fire (spread) to the next building before the firemen arrived.

→ ____

d) I (begin) to read Hamlet last week and just (finish) it.

→ ____

4. 괄호 안에 있는 동사를 알맞은 형태로 바꾸기

a) He (study) American History since last year.

→ ____

b) I don't know when the next train (come).

→ ____

c) You (grow) very tall since I (see) you last year.

→ ____

d) You seem to be free now. When (finish) you your homework?

→ ____

e) Wood (float) on water, but iron (not float).

→ ____

f) It (rain) heavily when we (get) off the bus.

→ ____

g) When he (spend) all his money, he (return) home.

→ ____

h) He (arrive) here by tomorrow morning.

→ ____

5. 이탤릭체의 동사를 과거형으로 고치고 전체의 문장을 바꾸기

a) I wonder what you are thinking about.

→ ____

b) The doctor says that you must take a week off.

→ ____

c) I hope he may get well soon.

→ ____

d) She does not know what you mean.

→ ____

e) I feel as if I were a hero.

→ ____

f) He often tells us that life is half spent before we know what it is.

→ ____

※ 10. 동사의 시제 1번~5번 정답
1. a) He is writing a letter.
b) He has written a letter.
c) He has been writing a letter.
d) He will have written a letter.
e) Does he write a letter?
f) Let him write a letter.
2. a) leaves, is working, b) runs, is running, c) is staying, d) does not rain
3. a) was playing, arrived
b) He has just come in, and will meet you in five minutes.
c) had spread [spread]
d) I began to read Hamlet last week and have just finished it.
4. a) has been studying, b) will come, c) have grown saw, d) did you finish
e) floats does not float, f) was raining got, g) had spent returned, h) will have arrived
5. a) I wondered what you were thinking about.
b) The doctor said that you must take a week off.
c) I hoped he might get well soon.
d) She did not know what you meant.
e) I felt as if I were a hero.
f) He often told us that life is half spent before we know what it is.

Part Ⅱ 11. 문장종류의 문장전환

[A] 뜻을 바꾸지 않고 평서문의 긍정문 → 부정문

1. a) Only the rich can afford such a luxury.

→ ____

b) He has few books.

→ ____

c) He spoke little.

→ ____

d) I have read some of his novels.

→ ____

2. a) Every member is against the bill.

→ ____

b) Every man loves his own home.

→ ____

c) Every time {Whenever} he reads, he makes mistakes.

→ ____

3. a) He is far from happy.

→ ____

b) He is too ill to go out.

→ ____

[B] 뜻을 바꾸지 않고 의문문→평서문

1. a) 1) Who can tell the future of mankind?

→ ____

2) What could keep her from talking?

→ ____

b) 1) Who does not desire liberty?

→ ____

2) What would I not give to see my mother?

→ ____

2. a) Is there anything more important than life?

→ ____

b) Can such a thing ever happen?

→ ____

[C] 뜻을 바꾸지 않고 평서문→감탄문

1. a) 1) This is a very wonderful picture.

→ ____

2) We are having such lovely weather.

→ ____

b) 1) Time has gone quickly indeed.

→ ____

2) It's very kind of you to say so.

→ ____

2. *a) I hope all your dreams will come true.*

→ ____

b) I wish I were young again.

→ ____

[D] 형태로만, 긍정형(평서문)→a) 의문형, b) 부정형, c) 명령형

a) 1) He is a scientist. → _______________________________________

2) He will go to Paris. → _______________________________________

3) He wrote these poems. → _______________________________________

b) 1) He will go to London, too. → _____________________________

2) He visited some other countries. → _____________________________

c) You must learn foreign languages. → _____________________________

[E] 부분부정→전체부정

a) Every one cannot be happy. → _____________________________

b) 1) Not all of us were pleased. → _____________________________

2) I haven't read all of them. → _____________________________

c) I don't know both of them. → _____________________________

A. 1. a) The poor cannot afford such a luxury.

   b) He has not [does not have] many books.

   c) He didn't speak much.

   d) I haven't read all of his novels.

   2. a) No member is for the bill.

   b) There is no man but loves his own home.

   c) He cannot read [never reads] without making mistakes.

   3. a) He is not happy at all.

   b) He is not well enough to go out.

B. 1. a) 1) No one [Nobody] can tell the future of mankind.

      2) Nothing could keep her from talking.

   b) 1) Everybody desires liberty.

      2) I would give anything to see my mother.

   2. a) There is nothing more important than life.

   b) Such a thing can never happen.

C. 1. a) 1) What a wonderful picture (this is)!

      2) What lovely weather we are having!

   b) 1) How quickly time has gone!

      2) How kind (it is) of you to say so!

   2. a) May all you dreams come true!

   b) Oh, to be young again!

D. a) 1) Is he a scientist?

      2) Will he go to Paris?

      3) Did he write these poems?

   b) 1) He will not go to London, either.

      2) He did not visit any other country.

   c) Learn foreign languages.

E. a) No one [None] can be happy.

   b) 1) None of us were pleased.

      2) I have read none of them.

   c) I know neither of them.

Part Ⅱ 12. 단문 → 복문의 문장전환

[A] 복문에 명사절을 포함한 경우(부정사, 동명사의 항 참조)

1. a) 1) This proved his honesty.

→ ____

    2) I believe their innocence.

→ ____

  b) 1) I doubt the truth of his statement.

→ ____

    2) I don't doubt his sincerity.

→ ____

2. a) The writer of this book is still unknown.

→ ____

  b) Tell me the time.

→ ____

  c) I don't know the day of his departure.

  › ____

  d) Do you know the place of his birth?

→ ____

  e) I can't see the reason for his refusal?

→ ____

3. a) I don't believe his words {him}.

→ ____

b) You may rely upon my promise.

→ ____

4. a) 1) I am sure of your success.

→ ____

2) I am sorry for his early death.

→ ____

b) He insists on my payment {paying}.

→ ____

5. a) Tell me how to handle this mowing machine.

→ ____

b) Tell me what to do.

→ ____

[B] 복문에 형용사절을 포함한 경우

1. a) His answer is quite correct.

→ ____

b) An industrious man will prosper.

→ ____

c) This is an undeniable fact.

→ ____

d) My present house exactly suits me.

→ ____

e) My native land lies far across the sea.

→ ____

2. a) *A man of honor will not tell a lie.*

→ ____

b) *This is a matter of great importance.*

→ ____

3. a) *The survivors were badly injured.*

→ ____

b) *I know the designer of this hall.*

→ ____

4. a) *A new bridge connecting the two towns has been built.*

→ ____

b) *Lost time never comes again.*

→ ____

5. a) *He was the first man to venture into space.*

→ ____

b) *This is not the time to discuss this question.*

→ ____

c) *This is the very book for beginners to read.*

→ ____

[C] 복문에 부사절을 포함한 경우(시간에 관한)

1. a) *My father has been dead for five years.*

→ ____

b1) He went to Europe three years ago.

→ ____

b2) He has been in Europe for three years.

→ ____

2. a) On your arrival there, please write to me. {when을 써서}

→ ____

b) During my stay in New York, I became to know him.

→ ____

c) 1) His influence ceased with his death.

→ ____

2) With every cough, he felt a great deal of pain.

→ ____

d) Are you going out in such a heavy rain?

→ ____

e) I felt pity at the sight of these helpless people.

→ ____

3. a1) An hour's ride brought us to a little lake.

→ ____

a2) After riding (for) an hour, we came to a little lake.

→ ____

4. a) He will get well before long.

→ ____

b) He died before the doctor's arrival.

→ ____

[D] 복문에 부사절을 포함한 경우(원인, 이유, 목적, 결과, 정도, 조건, 양보, 제한)

1. a) He failed because of idleness.

→ ____

   b) He could not go to the concert on account of his illness.

→ ____

   c) Owing to cold weather, crops are short.

→ ____

2. a) We were greatly shocked at the news {to hear the news}.

→ ____

   b) Yesterday's rain caused the river to rise.

→ ____

3. a) He works hard to make his parents happy.

→ ____

   b) He ran away for fear of being caught.

→ ____

4. a) He is too honest to accept the bribe.

→ ____

   b) He worked very well to our astonishment.

→ ____

5. In the absence of the master the house would have been broken into.

→ ____

6. In spite of {For all, With all} his riches, he is never contented.

→ ____

7. To the best of my knowledge, he is very generous.

→ ____

※ 12. 단문→복문의 문장전환 A번~D번 정답
A. 1. a) 1) This proved that he was honest. 2) I believe that they are innocent.
b) 1) I doubt if [whether] his statement is true. 2) I don't doubt that he is sincere.
2. a) Who wrote this book is still unknown.
b) Tell me what time it is.
c) I don't know when he will depart.
d) Do you know where he was born?
e) I can't see why he refused.
3. a) I don't believe what he said [says].
b) You may rely upon what I promise (you).
4. a) 1) I am sure that you will succeed. 2) I am sorry that he died early.
b) He insists that I should pay.
5. a) Tell me how I should handle this mowing machine.
b) Tell me what I should do.
B. 1. a) The answer that he gave is quite correct.
b) A man who is industrious will prosper.
c) This is a fact that cannot be denied.
d) The house in which I live at present exactly suits me.
e) The land where I was born lies far across the sea.
2. a) A man who values (his) honor will not tell a lie.
b) This is a matter which is very important.
3. a) Those who survived were badly injured.
b) I know the man who designed this hall.
4. a) A new bridge which connects the two towns has been built.
b) Time which is lost never comes again.
5. a) He was the first man that ventured into space.
b) This is not the time when we should discuss this question.
c) This is the very book that beginners should read.

C. 1. a) It is five years since my father died./Five years have passed since my father died.

   b1, b2) It is three years [Three years have passed] since he went to Europe.

 2. a) When you arrive there, please write to me.

   b) While I was staying in New York, I came to know him.

   c) 1) His influence ceased when he died. 2) Every time he coughed, he felt a great deal of pain.

   d) Are you going out when [while] it was raining so heavily?

   e) I felt pity when I saw these helpless people.

 3. a1, a2) After [When] we rode (for) an hour, we came to a little lake.

 4. a) It will not be long before he gets well.

   b) He died before the doctor arrived.

D. 1. a) He failed because he was idle.

   b) He could not go to the concert because he was ill.

   c) Because the weather was [has been] cold, crops are short.

 2. a) We were greatly surprised because [when] we heard the news.

   b) As it had rained yesterday, the river rose.

 3. a) He works hard so that he may [can] make his parents happy.

   b) He ran away lest he (should) be caught.

 4. a) He is so honest that he will not accept the bribe.

   b) He worked so well that we were astonished.

 5. If the master had been absent, the house would have been broken into.

 6. Though he has great riches [Though he is very rich] he is never contented.

 7. As [So] far as I know, he is very generous.

1. a) *Raising his hat, he smiled at me.*

→ ______________________________________

  b) *There being no seat in the car, I kept standing all the way.*

→ ______________________________________

  c) *The women all wore red skirts, with a little shawl tied round their heads.*

→ ______________________________________

2. a) *He hoped to have succeeded.*

→ ______________________________________

  b) *I tried to persuade him only to fail {in vain}.*

→ ______________________________________

  c) *I talked with ardor in order to move them.*

→ ______________________________________

  d) *It was too hot for me to sleep well.*

→ ______________________________________

  e) *It was cool enough for me to sleep well.*

→ ______________________________________

3. a) *Go at once to get a ticket.*

→ ______________________________________

  b) *Go at once so as not to lose the chance.*

→ ______________________________________

4. a) *Instead of going I stayed at home.*

→ ______________________________________

b) In spite of {Despite} his excitement, he kept his temper.

→ ____

c) For {With} all his experience, he failed.

→ ____

d) Besides being a scholar, he is a statesman.

→ ____

<table>
<tr><td colspan="1">※ 13. 단문→중문의 문장전환 1번~4번 정답</td></tr>
</table>

※ 13. 단문→중문의 문장전환 1번~4번 정답
1. a) He raised his hat; and he smiled at me.
b) There was no seat in the car, (and) so I kept standing all the way.
c) The women all wore red skirts, and they had a little shawl tied round their heads.
2. a) He hoped to succeed, but he failed.
b) I tried to persuade him, but I (only) failed [but I failed after all].
c) I wanted to move them and (so) I talked with ardor.
d) It was very hot and I could not sleep well.
e) It was very cool and I could sleep well.
3. a) Go at once, and you can get a ticket.
b) Go at once, or you will lose the chance.
4. a) I did not go but I stayed at home.
b) He was excited, but he kept his temper.
c) He has much experience, (and) yet he failed.
d) He is not only a scholar, but also a statesman.

Part II 14. 중문 → 복문의 문장전환

1. *a) He had his supper, and then he went to bed.*

→ ____

   b) The bell rang and immediately he came.

→ ____

2. *a) It is now late, so we had better call a taxi.* {as······를 써서}

→ ____

   b) We lost ourselves, for it got quite dark. {because······를 써서}

→ ____

3. *I took my son to the zoo, for I wanted him to see various animals.* {so that······을 써서}

→ ____

4. *a) He was very tired and he could not speak.*

→ ____

   b) He was very eloquent and everybody was moved to tears.

→ ____

   c) He worked hard but he failed after all.

→ ____

5. *a) Turn to the right, and you will see the church.*

→ ____

   b) Drive more carefully, or you will have an accident.

→ ____

6. *a)* *It may or may not be true, but I think it probable.*

→ ____

b) *It was raining very hard, but we had to start.*

→ ____

<table>
<tr><td colspan="1">※ 14. 중문→복문의 문장전환 1번~6번 정답</td></tr>
</table>

※ **14.** 중문→복문의 문장전환 1번~6번 정답
1. a) When [After] he had had supper he went to bed.
b) As soon as the bell rang he came./No sooner had the bell rung than he came.
2. a) As it is now late, we had better call a taxi.
b) We lost ourselves, because it got quite dark.
3. I took my son to the zoo so that he might see various animals.
4. a) He was so tired that he could not speak.
b) He was so eloquent that everybody was moved to tears.
c) After he (had) worked hard, he failed.
5. a) If you turn to the right, you will see the church.
b) Unless you [If you don't] drive more carefully, you will have an accident.
6. a) Whether it may be true or not, I think it probable.
b) Though it was raining hard, we had to start.

Part Ⅱ 15. 2개(이상)의 단문→1개의 단문

1. a) You must look for the key./You must lose no time.

→ ____

b) He became ill./He overworked himself.

→ ____

c) He saved a child from drowning./He was awarded a prize.

→ ____

d) He went away in haste./He left no message.

→ ____

e) He failed in business./He was very much disappointed at it.

→ ____

f) May I tell you the whole truth?/Does anyone object to it?

→ ____

2. a) They had no water./They were in great distress.

→ ____

b) He bought a new house./It cost him a lot of money.

→ ____

3. a) He did not buy the land./He rented it.

→ ____

b) He is very poor./He seems always happy and cheerful.

→ ____

4. a) I felt very warm./I opened all the windows.

→ ____

b) The light failed./I could read no further.

→ ____

5. a) He has a large family./He must support them.

→ ____

   b) He is my only friend./I can confide in him.

→ ____

   c) I can do it./I know the way.

→ ____

6. a) He went to America./He intends to study business management.

→ ____

   b) The news is extremely good./It cannot be true.

→ ____

   c) We heard the result./We were very pleased.

→ ____

7. a) Mr. Smith was elected chairman./He was a well−known lawyer.

→ ____

   b) The Ganges is a sacred river of India./It flows through a fertile plain into
      the Bay of Bengal.

→ ____

   ____

8. a) He did not meet the accident./It was fortunate.

→ ____

b) This is a precious stone./There is no doubt about it.

$\rightarrow$ ____

<table>
<tr><td colspan="1" align="center">※ 15. 2개(이상)의 단문→1개의 단문</td></tr>
</table>

1. a) You must lose no time in looking for the key.
b) He became ill by overworking himself.
c) He was awarded a prize for saving a child from drowning.
d) He went away in haste without leaving any message.
e) He was very much disappointed at his failure [at having failed] in business.
f) Does anyone object to my telling you the whole truth?
2. a) They were in great distress for want of water.
b) He bought a new house at the cost of a lot of money.
3. a) Instead of buying the land, he rented it.
b) In spite of [For all] his great poverty, he seems always happy and cheerful.
4. a) Feeling very warm, I opened all the windows.
b) The light failing, I could read no further.
5. a) He has a large family to support.
b) He is my only friend to confide in.
c) I know the way to do it.
6. a) He went to America in order to study business management.
b) The news is too good to be true.
c) We were very pleased to hear the result.
7. a) Mr. Smith, a well-known lawyer, was elected chairman.
b) The Ganges, a sacred river of India, flows through a fertile plain into the Bay of Bengal.
8. a) Fortunately he did not meet the accident.
b) Without doubt [Doubtlessly] this is a precious stone.

Part Ⅱ 16. 2개(이상)의 단문 → 1개의 복문

1. a) No man can live for himself alone./This is evident.

→ ____

   b) The boat won't topple over./We only hope so.

→ ____

   c) I mailed the letter yesterday./I am certain of it.

→ ____

   d) You should enter the contest./I insist on it.

→ ____

2. Can he swim?/I asked him.

→ ____

3. a) What is worth buying?/She does not know it quite well.

→ ____

   b) Who is the culprit?/We must know.

→ ____

   c) Where did he keep his gun?/We are wondering.

→ ____

   d) When will a man be able to reach the jupiter?/We don't know when.

→ ____

   e) Why did he choose her?/He alone can explain.

→ ____

   f) The boy dug such a big hole./I don't know how.

→ ____

4. *You have done something./You will be sorry for it.*

→ ____

5. a) *His brother is called Edward./He plays football well.*

→ ____

   b) *A man came to see me./I don't like the man.*

→ ____

6. *The doctor is a middleaged man./I consulted him.*

→ ____

7. a) *He is an American professor./We want to read his books.*

→ ____

   b) *John's feet were badly hurt./He could go no further.*

→ ____

   c) *The building is our church./You can see its roof over there.*

→ ____

8. a) *I left a book on the table./The book has disappeared.*

→ ____

   b) *Grammar is useful./You dislike it.*

→ ____

   c) *He was reported to have been killed./It proved a lie.*

→ ____

9. a) *I know something about him./This is all.*

→ ____

b) *This is the only mistake./I have made no other.*

→ ____

10. *a)* *The house stands halfway up the hill./He lives in that house.*

→ ____

b) *The earth is like a ball./We live on the earth.*

→ ____

c) *He is very proud of a camera./This is the camera.*

→ ____

d) *You went to India with a man./I know the man.*

→ ____

11. *a)* *I have two watches./Both of them are automatic.*

→ ____

b) *He has three sons./The tallest of them is John.*

→ ____

12. *a)* *You will leave for America./Have you decided the date?*

→ ____

b) *I left my bag somewhere./I cannot remember the place.*

→ ____

c) *Why were you absent?/Can you tell me the reason?*

→ ____

d) *He solved that difficult puzzle./He explained the way in detail.*

→ ____

1. a) It is evident that no man can live for himself alone.

   b) We only hope that the boat won't topple over.

   c) I am certain that I mailed the letter yesterday.

   d) I insist that you should enter the contest.

2. I asked him if [whether] he could swim.

3. a) She does not know quite well what is worth buying.

   b) We must know who is the culprit.

   c) We are wondering where he kept his gun.

   d) We don't know when a man will be able to reach the jupiter.

   e) He alone can explain why he chose her.

   f) I don't know how the boy dug such a big hole.

4. You will be sorry for what you have done.

5. a) His brother who plays football well is called Edward.

   b) I don't like the man who came to see me.

6. The doctor whom I consulted is a middleaged man.

7. a) He is an American professor whose books we want to read.

   b) John, whose feet were badly hurt could go no further.

   c) The building whose roof [the roof of which] you can see over there is our church.

8. a) The book which [that] I left on the table has disappeared.

   b) Grammar, which you dislike, is useful.

   c) He was reported to have been killed, which proved a lie.

9. a) This is all that I know about him.

   b) This is the only mistake that I have made.

10. a) The house in which he lives stands halfway up the hill.

    b) The earth on which we live is like a ball.

    c) This is the camera of which he is very proud.

    d) I know the man with whom you went to India.

11. a) I have two watches, both of which are automatic.

    b) He has three sons, the tallest of whom is John.

12. a) Have you decided the date when you will leave for America?

    b) I cannot remember the place where I left my bag.

    c) Can you tell me the reason why you were absent?

    d) He explained in detail the way he solved that difficult puzzle.

Part Ⅱ 17. 2개(이상)의 단문→복문 · 중문

1. a) 1) My daughter learnt to play the piano./She was ten.

→ ____

2) He is playing the guitar./Only then is he happy.

→ ____

b) I won't marry him./He is too fickle. {because를 써서}

→ ____

c) Let me know his address./I want to write to him.

→ ____

d) Don't approach the monkeys./They may hurt you.

→ ____

e) He came very often./I could not avoid him. {so······that을 써서}

→ ____

f) This rope is strong enough./It can lift a ton.

→ ____

g) Rats are small animals./They can do much damage.

→ ____

h) You must drive more carefully./You will be fined.

→ ____

2. a) I put out the light./I closed my eyes./I could not sleep.

→ ____

b) You are my friend./He is my friend.

→ ____

c) This is not a plant./This is not a mineral.

→ ____

※ **17. 2개(이상)의 단문→복문 · 중문**
1. a) 1) My daughter learnt to play the piano when she was ten.
2) He is happy only when he is playing the guitar.
b) I won't marry him because he is too fickle.
c) Let me know his address so that I can [may] write to him.
d) Don't approach the monkeys lest they (should) hurt you.
e) He came so often that I could not avoid him.
f) This rope is so strong that it can lift a ton.
g) Though rats are small animals, they can do much damage.
h) Unless you drive more carefully, you will be fined.
2. a) I put out the light and closed my eyes, but I could not sleep.
b) Both you and he are my friends.
c) This is neither a plant nor a mineral.

Part Ⅱ 18. 품사 전환에 의한 문장전환

[A] 명사로의 문장전환

1. a) 1) He can swim very well.

→ ____

   2) He speaks English well.

→ ____

   b) 1) I agree completely with you about this.

→ ____

   2) White gold differs decidedly from silver.

→ ____

   c) 1) I hope you will be good citizens.

→ ____

   2) We concluded that a war should be avoided.

→ ____

2. 1) I wrote the answer very carefully.

→ ____

   2) He talked eloquently about human rights.

→ ____

3. We wish to prosper.

→ ____

[B] 동사 · 조동사로의 문장전환

1. a) It is possible that we should build an ideal society.

→ ____

    b) It is impossible that he has said so.

→ ____

2. a) This will give you much satisfaction.

→ ____

    b) We made no attempt to climb Mt. Hanra.

→ ____

3. a) We received his resignation with great regret.

→ ____

    b) He went to the scene in haste.

→ ____

[C] 형용사로의 문장전환

1. a) He had the kindness to invite me to tea.

→ ____

    b) There is no cure for this disease.

→ ____

2. a) This fish is fit to eat.

→ ____

    b) I am always ready to sleep in the afternoon.

→ ____

c) The carpet was one of great beauty.

→ ____

3. a) It rained all day.

→ ____

   b) Our customs differ from yours.

→ ____

4. a) The result did not give satisfaction.

→ ____

   b) We could not hear his voice.

→ ____

[D] 부사로의 문장전환

1. a) It was his earnest desire to go abroad.

→ ____

   b) We had a narrow escape.

→ ____

   c) His words are not distinct.

→ ____

2. I had no difficulty in finding his house.

→ ____

3. a) I met him in Paris by accident.

→ ____

b) He answered me without hesitation.

→ ____

c) I spoke to him in harsh tones.

→ ____

※ 18. 품사전환에 의한 문장전환
[A] 1. a) 1) He is a very good swimmer.
2) He is a good speaker of English.
b) 1) I am in complete agreement with you about this.
2) There is a decided difference between white gold and silver.
c) 1) My hope is that you will be good citizens.
2) Our conclusion is that a war should be avoided.
2. 1) I wrote the answer with great care.
2) He talked with eloquence about human rights.
3. We wish for prosperity.
[B] 1. a) We can build an ideal society.
b) He cannot have said so.
2. a) This will satisfy you very much.
b) We did not attempt to climb Mt. Hanra.
3. a) We greatly regretted to receive his resignation.
b) He hastened to the scene.
[C] 1. a) He was kind enough [so kind as] to invite me to tea.
b) This disease is incurable.
2. a) This fish is eatable.
b) I am always sleepy in the afternoon.
c) The carpet was (a) very beautiful (one).
3. a) It was rainy all day.
b) Our customs are different from yours.
4. a) The result was not satisfactory [unsatisfactory].
b) His voice was inaudible.
[D] 1. a) He earnestly desired to go abroad.
b) We narrowly escaped.
c) He did not speak distinctly.
2. I could find his house easily.
3. a) I met him in Paris accidentally.
b) He answered me unhesitatingly.
c) I spoke to him harshly.

Part II 19. 가주어에 의한 문장전환

It을 주어로 한 문장전환

1. a) You need not write to him.

→ ____

b) You don't have to go there unless you are requested to.

→ ____

c) 1) You can get there in ten minutes by bus.

→ ____

2) He will not be able to master English unless he works harder.

→ ____

d) Honesty surely pays.

→ ____

e) To my regret I have missed a good opportunity of going abroad.

→ ____

2. a) I lent him a big sum. {→He owes······}

→ ____

b) My mother has made me what I am. {→I owe······}

→ ____

3. a) Owing to bad weather we could not start. {→Bad weather······}

→ ____

b) If it had not been for my mother's illness, I could have accompanied you.
{→My mother's illness······}

→ ____

[   ]안의 어구를 주어로 한 문장전환

1. a) She got angry because they laughed. {Their laughter}

→ ____

   b) Thanks to your advice, I could avoid the danger. {Your advice}

→ ____

   c) He made himself ill by overwork. {His overwork}

→ ____

   d) The village suffered much damage in the storm. {The storm}

→ ____

   e) We were greatly disappointed at the result. {The result}

→ ____

   f) The next morning he was found in the snow. {The next morning}

→ ____

   g) 1) If you wear these glasses you will be able to see better.
      {These glasses}

→ ____

      2) If he were a Korean, he would not do so. {A Korean}

→ ____

2. a) There are gas and water at the cottage. {The cottage}

→ ____

   b) We must be careful in handling this machine. {This machine}

→ ____

※ 19. 가주어에 의한 문장전환
【It을 주어로 한 문장전환】
1. a) It is needless for you to write to him./It is not necessary that you should write to him.
b) It is not necessary for you to go there unless you are requested to.
c) 1) It is possible for you to get there in ten minutes by bus.
2) It will be impossible for him to master English unless he works harder.
d) It surely pays to be honest.
e) It is a pity that I have missed a good opportunity of going abroad.
2. a) He owes me a big sum./He owes a big sum to me.
b) I owe my mother what I am./I owe what I am to my mother.
3. a) Bad weather prevented us from starting.
b) My mother's illness prevented me from accompanying you.
【[ ] 안의 어구를 주어로 한 문장전환】
1. a) Their laughter made her angry.
b) Your advice enabled me to avoid the danger.
c) His overwork made him ill.
d) The storm caused [did] much damage to the village.
e) The result greatly disappointed us. [The result was a great disappointment to us.]
f) The next morning found him in the snow.
g) 1) These glasses will enable you to see better.
2) A Korean would not do so.
2. a) The cottage is supplied with gas and water.
b) This machine must be carefully handled.

Part Ⅱ 20. 표현변화에 따른 문장전환

1. 이탤릭체를 강조한 문장전환

a) *Jones* is the man I referred to.

→ ____

b) I met Jones in the park yesterday.

→ ____

c) I met *Jones* in the park *yesterday*.

→ ____

d) I met Jones *in the park* yesterday.

→ ____

e) I met Jones in the park *yesterday*.

→ ____

f) The baby did not stop crying *until he was fed*.

→ ____

2. I never dreamed that he was a famous writer. {never를 앞으로 내서}

→ ____

3. There로 시작하는 문장전환

a) No buses run at this time of night.

→ ____

b) Nobody was at the summit when I reached there.

→ ____

4. 지시된 어구로의 문장전환(조동사의 문제)

a) You shall have my answer in a week. {→I ······}

→ ____

b) *He may well be proud of his son.* *{→He has ⋯⋯}*

→ ____

5. 지시에 따른 문장전환

a) *"I went to the park yesterday."*

  – "I went there, too." *{→So ⋯⋯}*

→ ____

b) *"I hear you went to Europe last year."*

  – "Yes, I did." *{→So ⋯⋯}*

→ ____

6. *a)* *What made you think so?* *{→Why ⋯⋯}*

→ ____

  b) *He is not so much a poet as a novelist.* *{rather를 써서}*

→ ____

  c) *His explanation was anything but satisfactory.* *{far from을 써서}*

→ ____

  d) *She has everything she could possibly want.* *{→She wants ⋯⋯}*

→ ____

  e) *Knowing is different from doing.* *{one thing ⋯⋯ another를 써서}*

→ ____

  f) *He is the pride of his family.* *{→His family is ⋯⋯}*

7. *a)* *These articles are to be sold.* *{for를 써서}*

→ ____

  b) *He has sailed on a ship going to India.* *{bound를 써서}*

→ ____

c) He has left his native country never to return. {for⋯⋯를 써서}

→ ____

d) I was relieved to learn that he was safe. {relief를 써서}

→ ____

<table>
<tr><td colspan="1">※ 20. 표현변화에 따른 문장전환</td></tr>
</table>

※ 20. 표현변화에 따른 문장전환
1. a) It is Jones that I referred to.
b) It was I that met Jones in the park yesterday.
c) It was Jones that I met in the park yesterday.
d) It was in the park that I met Jones yesterday.
e) It was yesterday that I met Jones in the park.
f) It was not until he was fed that the baby stopped crying.
2. Never did I dream that he was a famous writer.
3. a) There run no buses at this time of night./There are no buses running at this time of night.
b) There was nobody at the summit when I reached there.
4. a) I will give you my answer in a week.
b) He has every[good]reason to be proud of his son.
5. a) "So did I."
b) "So I did."
6. a) Why did you think so?
b) He is a novelist rather than a poet.
c) His explanation was far from satisfactory.
d) She wants for nothing.
e) Knowing is one thing and doing is another.
f) His family is proud of him.
7. a) These articles are for sale.
b) He has sailed on a ship bound for India.
c) He has left his native country forever.
d) I learned to my relief that he was safe.

Chapter 8

일관성(Coherence)과 응집성(Cohesion)

(1) Coherence

So far, you have learned about the different types of paragraphs and their organization. All good paragraphs also have some characteristics in common. The first of these is called coherence. A coherent paragraph is made up of sentences that are ordered according to a principle. The principle changes depending on the type of paragraph that you are writing. The three types of ordering are chronological ordering, spatial ordering, and logical ordering.

(2) Cohesion

*Another characteristic of a good paragraph is **cohesion**. When a paragraph has cohesion, all the supporting sentences "stick together" in their support of the topic sentence. The methods of connecting sentences to each other are called **cohesive devices**. Five important cohesive devices are linking words, personal pronouns, definite articles, demonstrative pronouns, and synonyms.*

Linking Words

*There are many ways to help give a paragraph cohesion. One way is to use **linking words**. There are many kinds of linking words: coordinating conjunctions, subordinating conjunctions, prepositions, and transitions. **Transitions** are a very common type of linking word. They are words or phrases that help to connect sentences to one another. They may also help the coherence of a paragraph by indicating the order of the supporting sentences. To some extent, linking words, including transitions, are particular to the type of paragraph that you are writing.*

Personal Pronouns

Another way to help a paragraph have good cohesion is by using **personal pronouns.** *Pronouns usually have antecedents, or nouns that they stand for, in previous sentence parts or sentences. In other words, a pronoun usually refers back to a previous noun — its antecedent. For example:*

The little boy looked at the birthday cake.

He stuck out *his* finger and took a taste of *it.*

Using the personal pronouns he, his, and it in the second sentence connects these two sentences. In fact, if you didn't use pronouns, you would have an awkward second sentence that might not seem related to the first one. For example:

The little boy looked at the birthday cake.

The little boy stuck out the little boy's finger and took a taste of the birthday cake.

The Definite Article

A third way to connect sentences is to use the **definite article** *the. A noun with a definite article often relates to a previously mentioned noun. For example:*

I bought an anniversary present yesterday.

The anniversary present is for my grandparents.

It's obvious that these two sentences are talking about the same anniversary present because of the use of the definite article in the second sentence. In fact, if the definite article were not used, these two sentences would not be related. Look at these two sentences:

I bought an anniversary present yesterday.

An anniversary present is for my grandparents.

Demonstrative Pronouns

*Another way to connect sentences in a paragraph, or to give a paragraph good cohesion, is to use the **demonstrative pronouns** this, that, these, and those. Like previous cohesive devices, demonstrative pronouns require antecedents in order to help connect sentences to those that came before. For example:*

On top of the table was a present.

This present had purple wrapping paper.

You could also use the definite article instead of the demonstrative pronoun to indicate that the two sentences go together. However, you must use one or the other. If you don't, then these two sentences aren't connected.

For example:

On top of the table was a present.

A present had purple wrapping paper.

<u>Synonyms</u>

The use of synonyms is also a cohesive device in that the synonyms refer back to their antecedents. Like using a pronoun, using a synonym also prevents the frequent repetition of a word or words. Read the first paragraph. It is awkward because of the over repetition of words. Then read the revised version using synonyms for the forms of **depress and retire**.

Retirement

The sixty－five－year－old employee was depressed at the thought of his <u>retirement</u>. His boss told him that he had to <u>retire</u> because he was at <u>retirement</u> age, but he didn't want to <u>retire</u>. Therefore, he became depressed. He thought that his days would be depressing from then on because he was <u>retired</u>. In fact, he was so depressed that his wife made him find another job with a company that didn't have a <u>retirement</u> age. He wasn't depressed after that.

Retirement(Revised Version)

The employee was saddened by the thought of his retirement. His boss told him that he had to <u>stop working</u> because he was sixty－five, but he felt that he still had a lot of good work years in him. He didn't want to <u>quit working</u>, so he became depressed. He thought that his days would become boring and useless from then on because he <u>couldn't work</u>. In fact, he became so distressed that his wife made him find a company to work for that didn't have a retirement policy. He felt great after that.

〔The Best Birthday〕

My eleventh birthday was the best of my childhood. I awoke early in the morning and found my room was decorated in my favorite colors — black and orange for my favorite sports team. After I got dressed, I went downstairs. I had to pass the dining room on my way to the kitchen, so I saw all my birthday presents piled high on the table. I rushed into the kitchen, and my mother greeted me with a big kiss. I begged her to let me open just one present, but she said I had to wait until later, when all my aunts and uncles would arrive. The day seemed endless while I waited. At last, my aunts and uncles arrived in the late afternoon. Then, my mother said I could open my presents. I tore into each colorfully wrapped present, but I was disappointed because each package contained only a piece of paper with one word written on it. My mother knew I liked puzzles, so she said that this was a puzzle I had to figure out. I looked at all the words and realized that my real present was in the garage. When I ran out there, I saw my beautiful new ten — speed bicycle. I was thrilled and told them all that I would never forget this wonderful day.

★ *Model Paragraph* ★ – – – – – – – – – – – – – – – – – –

〔An Anniversary to Remember〕

Few couples reach their seventy — fifth wedding anniversary, but my grandparents did last year, and they celebrated in an unusual, but quite romantic, way. First, they renewed their wedding vows in the same place and at the same time that they had been married all those years earlier. This meant that we all had to be at City Hall at 6:30 in the morning. That evening, we went dancing at the old Starlight Room downtown. **Then,** as they had done, we went to breakfast at the Maple Leaf Restaurant. Perhaps this was a great place for breakfast seventy — five years ago, **but,** in my opinion, it wasn't anymore. **Still,** my grandparents looked happy eating the meal of fried eggs and bacon that they had eaten all those years ago. In the afternoon, we went to a matinee at the Roxie Theater. The owners of the theater had even managed to find out what was playing the day of their wedding, so we watched the same movie they had. At the end of the evening, my grandparents spent their second "wedding night" in the same room of the same hotel where they had spent their first. **All in all,** it was one of the most romantic days of my life, **and** it wasn't even my anniversary!

(3) Mechanics

<u>Using Commas: Transitions and Adverbial Clauses</u>

When a word, a phrase, or a dependent clause comes before an independent clause, we use a comma after it and before the independent clause. Words and phrases that are used in this way are called transitions, and dependent clauses that are common in this pattern are called adverbial clauses.

<u>Transitions</u>

As you have read earlier in this chapter, transitions are linking words because they make connections between sentences. The use of the comma is different with transitions than it is with coordinating conjunctions(see Chapter3). Many transitions can go at

*the beginning, in the middle, or at the end of a sentence, but no matter where they
are, they are set off from the rest of the sentence by commas.*

<u>Examples</u>

For example, Memorial Day honors soldiers who died in wars.

or

Memorial Day, for example, honors soldiers who died in wars.

or

Memorial Day honors soldiers who died in wars, for example.

<u>There are two further points to note about this punctuation pattern:</u>

- *If the transition is a short, single$-$syllable transition, and it comes at the
beginning of a sentence, it is acceptable to eliminate the comma.*

<u>Examples</u>

First, we went to the movies.

or

First we went to the movies.

- *The use of for **example** and **such as** can be confusing. **For example** is a
transition, so a complete sentence(with a subject and a verb) must follow it. Use
such as, preceded by a comma, if you want to make a list of words and phrases.*

<u>Examples</u>

*There are many memorials for soldiers in the United States. For example, the USS
Arizona honors soldiers who died at Pearl Harbor at the beginning of World War $\mathrm{I\!I}$.*

or

There are many memorials for soldiers in the United States, such as the USS

__Arizona__, the Korean Veterans Memorial and the Vietnam Veterans Memorial.

(4) Adverbial Clauses

An adverbial clause is a type of dependent clause. It has a special relationship with an independent clause. This relationship is determined by a subordinator, or subordinating conjunction, the word or phrase that connects the two clauses.

When a sentence begins with an adverbial clause, there must be a comma between this clause and the main, or independent, clause. For example:

- *Because he was sixty −five, he was forced to retire.*
- *If I have enough time, I will make a cake for the retirement party.*
- *Although he loved his job, the company forced him to retire.*
  However, when the adverbial clause comes after the independent clause, we do not use a comma. Look at the rewritten sentences in which the adverbial clause comes after the independent clause.
- *He was forced to retire because he was sixty −five.*
- *I will make a cake for the retirement party if I have enough time.*
- *The company forced him to retire although he loved his job.*

[참조]

※ 영어의 언어적 특징 ※

1. 평행구조(*Parallelism*)

등위접속사(*and, but, or* 등), 종속접속사(*although*절, *that*절 등), 상관접속사
(*both A and B, neither A nor B, either A or B, not only A but also B* 등), 비교
구문(~*as* ~*as*, ~비교급~*than, be different from* 등)에서 서로 상응하는 것끼
리 형태나 의미가 같아야 한다. 즉 같은 역할과 형태를 갖는 품사, 구 또는
절이어야 한다.

1) 등위접속사에 의해 연결되는 경우
    ex 1) My sister is **young, enthusiastic and talent.** (x)

          My sister is **young, enthusiastic and talented.** (o)

    ex 2) Professor Kim enjoys **teaching and to learn.** (x)

          Professor Kim enjoys **teaching and learning.** (o)

    ex 3) I don't know **what to do and how I should do.** (x)

          I don't know **what to do and how to do.** (o)

2) 종속접속사에 의해 연결되는 경우
    ex) **Although** he likes to eat good food, he doesn't like **cooking it.** (x)

    ex) **Although** he likes to eat good food, he doesn't like to **cook it.** (o)

3) 상관접속사에 의해 연결되는 경우
    ex1) Shakespeare was both **a poet and he acted.** (x)

         Shakespeare was both **a poet and an actor.** (o)

    ex2) She died not of old age but **she was injured.** (x)

         She died not of old age but **of an injury.** (o)

4) 비교구문에서 비교되는 경우

    ex1) He is taller than my height. (x)

        He is taller than I. (o)

    ex2) To know is different from teaching. (x)

        Knowing is different from teaching. (o)

    cf) He likes her better than I(like her).

        He likes her better than(he like) me.

2. 응집성(cohesion)

언어사용 능력은 문장을 어법에 맞게 구성하는 것은 물론, 맥락에 맞게 문장을 논리적으로 연결할 수 있는 능력을 말하는 것으로 담화능력(discourse competence)이라고 한다. 연결사라고도 하는데 접속형부사어, 지시부사어, 접속사가 이에 해당한다.

1) 첨가(부연)

게다가: **moreover**, furthermore, **in addition**

더구나: **what is more**, into the bargain, besides, **as well**

동시에: at the same time, **simultaneously**

한편으로: **meanwhile**, in the meantime

2) 역접

그러나: **but, however, still, yet, though,** and yet, while yet

그렇지 않으면: otherwise

그 대신에: instead (cf) instead of

3) 양보

그럼에도 불구하고: **nevertheless**, nonetheless

그래도 역시: **none the less**, all the same

4) 인과

따라서: **accordingly**, consequently, **thus**

결과적으로: **as a result**, in consequence

마침내: **finally**, in the long run, in the end, after all, **at last**

5) 환언

즉: **in other words, that is**(to say), **namely**, or

6) 순접

한편으로: **on the one hand**(＝and)

역접

다른 한편으로: **on the other hand**(＝but)

7) 예시

가령 예를 들자면: **for example, for instance**, such as, say

8) 대등(병렬)

마찬가지로: **similarly**, equally, with equal truth

9) 상술

사실: as a matter of fact, **in fact, really**, actually

10) 지시부사(앞문 받음)

이와 같이: **thus**, 그것에 의하면: thereby, 그렇게 되면, 그러고 나서:
then

11) 강조(재확인)

정말로, 과연: **indeed**

12) 대조

대조적으로: **in contrast**

반면에: **while, where(as)**, when, however

그와는 반대로: on the contrary

13) 추론

그럴 경우: in that case

그렇지 않으면: otherwise

14) 화제의 전환

자, 그런데: now, by the way

15) 요약

간단히 말해, 한마디로: in short, in all

16) 순서

first(ly), second(ly), (=then, next), third(ly)(=finally)

(cf) then→그때, 그렇게 되면, 그러고 나서, 그런데, 그러므로

3. 일관성(Coherence)

일관성이란 기술방법이나 내용 및 태도가 처음부터 끝까지 한결같은 것을 말한다. 문단의 문장들이 논리적 순서에 의해 연결되어 있어야 하며 특히 문장은 전체적으로 인칭(*person*), 수(*number*), 시제(*tense*), 격(*case*), 성(*gender*) 및 태(*voice*) 등 문법적으로나 의미에서 일관성이 유지되어야 한다.

1) 인칭(人稱)의 일관성

   *ex) **Nobody** knows what **they** can do till **they** has tried. (x)*

     ***Nobody** knows what **he** can do till **he** has tried. (o)*

2) 수(數)의 일관성

   *ex) The news **were** received throughout Korea. (x)*

     *The news **was** received throughout Korea. (o)*

3) 시제(時制)의 일관성

ex) The teacher told us that World War Ⅱ ***had broken out*** *in 1939. (x)*

The teacher told us that World War Ⅱ ***broke out in*** *1939. (o)*

4) 성(性)의 일관성

*ex) Go and see who **he** is. (x)*

*Go and see who **it** is. (o)*

5) 격(格)의 일관성

*ex) He has bought **my uncle** house. (x)*

*He has bought **my uncle's** house. (o)*

6) 태(態)의 일관성

*ex) She got up and **was dressed** in her blue dress. (x)*

*She got up and **put on** her blue dress. (o)*

7) 기타

의미를 분명히 하기 위해서 전치사, 접속사, (조)동사, 관계사, 관사, 비교 구문에 필요한 어구는 생략해서는 안 된다.

*ex1) His income is more than **his wife**. (x)*

*His income is more than **that of his wife**. (o)*

ex2) Winter we used to go to ski. (x)

In winter *we used to go to ski. (o)*

ex3) Heaven helps those help themselves. (x)

*Heaven helps those **who** help themselves. (o)*

4. 간결성(Terseness)

필요 없는 어구나 중복되는 어구는 생략이 원칙이며 짧으면 짧을수록 좋다.

*ex1) **She** went into the shop and **she** bought something. (x)*

She *went into the shop and bought something.* *(o)*

ex2) *He left his hometown and never **returned back**.* *(x)*

*He left his hometown and never **returned**.* *(o)*

ex3) *The man **who is tall** is my uncle.* *(x)*

*The **tall** man is my uncle.* *(o)*

5. 논리성(Logicalness)

문법적이나 의미상 논리에 맞아야 한다.

ex1) ***Alone** you know the fact.* *(x)*

*You **alone** know the fact.* *(o)*

*(=**Only** you know the fact.)*

ex2) *The ideas (that are) in the book **presented** are instructive.* *(x)*

*The ideas (that are) **presented** in the book are instructive.* *(o)*

ex3) ***My English class** in the U.S.A. is very different from **in Korea**.* *(x)*

***My English class** in the U.S.A. is very different from **that** in Korea.* *(o)*

Chapter 9

영작문에 이르는 지름길:
일기 쓰기와 펜팔(메일포함)

※ 왜 영어일기를 쓸까?

   첫째, 두말할 나위 없이 영어일기는 영어공부에 큰 도움이 된다. 영어공부는 듣기(*listening*), 말하기(*speaking*), 읽기(*reading*), 쓰기(*writing*)의 네 구성요소로 이루어져 있다. 그중에서도 쓰기, 즉 영어작문은 영어 공부의 결정판이라고 해도 과언이 아니다. 영어일기 쓰기는 바로 영어작문공부를 매일 반복하는 일이다. 할 수만 있다면 영어일기를 쓰는 것보다 영작문 공부에 더 도움이 되는 방법은 없다고 단언한다. '할 수만 있다면'이라고 단서를 다는 이유는 그만큼 영어일기 쓰기가 어렵다는 것을 잘 알고 있기 때문이다. 아무튼 영어일기의 가장 중요한 목적 중의 하나는 영어작문능력을 향상시키기 위한 것이라고 할 수 있다.

   둘째, 일기를 쓰는 일은 여러분이 길이 보존할 생활의 기록을 남기는 일이다. 모든 일기는(한글일기나 영어일기나 모두) 일상생활의 자취와 흔적을 기록한 개인의 역사이므로 여러분이 두고두고 보관할 가치가 있는 귀중한 기록이다.

   셋째, 여러분이 지금 써 놓은 일기는 먼 미래에 여러분이 자서전을 쓸 때 아주 귀중하게 사용될 수 있다. 자서전이라고 하여 너무 거창하고 터무니없는 꿈이라고 생각할 필요는 없다. 꼭 유명인사만이 자서전을 쓸 수 있는 것은 아니다. 누구라도 자기가 살아온 과정을 한 권의 책으로 정리하여 펴내면 바로 자서전이다.

   넷째, 일기는 우리의 생활을 비춰 보는 서울이다. 나의 행동이나 의견을 일기라는 형식의 글로 옮긴 뒤 다시 읽어 보면 그 행동이나 의견을 객관적 입장에서 다시 바라볼 수 있기 때문이다. 매일 일기를 통해 스스로의 행동을 되돌아봄으로써 지난 일을 다시 생각할 기회를 갖게 되고 잘잘못을 되새겨 보며 새로운 각오를 다질 수도 있다. 그런 면에서 볼 때 일기를 통해 정신적인 성장과 성숙이 가능해진다고 말할 수 있지 않을까?

   다섯째, 하루의 희로애락 그리고 자신의 행동에 대한 장단점을 씀으로써 새로운 미래의 훌륭한 인격형성을 기대할 수 있다.

1. 영어일기의 기본형태(format)

영어일기에 이러이러한 내용을 반드시 포함시켜야 한다는 엄격한 법칙이 있는 것은 아니다. 그러나 많은 사람들이 따르는 일정한 양식이 있는 것도 사실이다.

누가 일기를 쓰더라도 일기를 쓴 날짜, 요일, 날씨 등을 생략하는 일은 아주 드물다. 반면에, 일기의 본문은 사람에 따라 아주 다양한 내용으로 이루어진다. 일기 속에서 이야기를 전개하는 사람도 있고 친구에게 보내는 편지형식의 일기를 쓰는 사람도 있으며 수필이나 시를 적는 사람도 있다. 그 밖에도 사람에 따라 얼마든지 다양한 내용의 일기가 가능하다. 결국 일기의 내용에는 정해진 틀이 없다는 결론이 가능하다.

일기의 내용을 표현하는 방법, 즉 일기의 형식도 아주 다양하다. 산문체의 일기를 쓸 수도 있고 시나 시조와 같은 운문체의 일기도 가능하다. 대화체 문장으로 일기를 쓰면 그 참신함이 돋보인다.

〈예시 1〉

① *Rainy*, ② *Friday*, ③ *8 December 2000*

④ *Chicken Run*

⑤ *Today I saw a film called Chicken Run. It was astoundingly interesting even though it was for very young children. In the movie chart, Chicken Run got five stars, which is the best score. I thought this was because the stories were very good.*

When I saw Chicken Run's main character, I did not want to see the film because it looked amazingly childish. I don't like to see childish programmes.

I learned in the film that the chicken is a female and the rooster is a male. In English, there are different names for the female and male of animals.

Chicken Run's story is that there was a chicken farm and the lord of the chicken farm was a tremendously bad person. The lord killed chickens which stopped laying eggs. He was so greedy that he planned to make a chicken pie factory. But the clever chickens noticed that.

I didn't see the last part of the film since we didn't have enough time. When I had to go back home, I was sorry that I could not see the whole movie.

2000년 12월 8일 금요일 맑음

치킨 런

오늘 학교에서 만화영화 '치킨 런'을 보았다. 비록 어린이 영화였지만 아주 재미있었디. 그 영화는 영화차트에서 최고 등급인 별 5개를 받은 수준 높은 작품이다. 아마도 스토리가 아주 좋아서 그런 등급을 받았나 보다.

내가 치킨 런의 주인공을 보았을 때, 그가 너무나 유치하게 생겨 더 이상 영화를 보고 싶지 않았다. 나는 유치한 영화는 싫어한다.

영화를 보고 닭의 암컷은 *chicken*, 수컷은 *rooster*라고 부른다는 것을 알게 되었다. 영어에서는 대개의 경우 동물의 암컷과 수컷을 부르는 이름이 다르다.

치킨 런의 이야기는 다음과 같다. 닭 농장이 있었다. 그 농장의 주인은 아주 포악한 사람이었다. 주인은 달걀을 낳을 수 없는 닭들을 죽였다. 그는 너무 욕심이 많아 치킨 파이 공장을 만들려고 하였다. 그러나 영리한 닭들이 이것을 알아 차렸다.

나는 시간이 없어서 영화의 후반부를 볼 수 없었다. 집으로 돌아올 때, 영화를 끝까지 볼 수 없어서 아쉬운 마음이 들었다.

2. 영어 일기의 내용

일기는 하루를 돌아보며 인상 깊었던 일, 기록으로 남기고 싶은 일, 마음 속에 떠오르는 생각 등을 적는 것이기 때문에 일기의 내용으로 어떤 것이 적당하고 어떤 것이 적당하지 않다는 말은 적절하지 않다. 여러분이 다루고 싶은 어떤 소재 어떤 내용이라도 일기에 포함시킬 수 있다. 그런 면에서 일기를 쓰는 일은 '큰 자유'를 만끽하는 일이라고 말하고 싶다.

〈예시 2〉

A Letter

Dear Grandfather and Grandmother

Hello! I am Dae Bok. I hear that now Korea is getting tired of cold. So you had better be careful of cold.

England had many floods in some local areas. But fortunately my local area didn't experience a flood. As a rule, England has very few floods, so these events were unusual for the country.

Now there are a great number of waterproof coats which can cope with showers. Recently I bought a waterproof coat which cost 55 pounds. The coat's brand is Nike, which is a fantastic and famous brand. But as the Nike coat is amazingly good and famous, the coat is desperately expensive.

Of late, I heard that there was a bad rumor about my family. Please, don't believe anything about it because it is a lie.

I will always pray there will be peace and happiness in your family.

Yours Sincerely

Your Grandson Dae Bok

2000년 12월 14일 목요일 비

할아버지 할머니께

안녕하세요. 잘생긴 손자 대복입니다. 뉴스에 의하면 올 겨울 한국의 날씨가 너무 추워서 모두 고생하고 있다고 들었는데, 할아버지와 할머니께서는 건강하신지요?

영국에는 최근에 비가 많이 와서 홍수가 많이 났습니다. 몇십 년 만의 대홍수라고 합니다. 저희 식구가 사는 지역에는 다행히 홍수가 없었습니다. 대체로 영국에는 홍수가 드문데 요즘은 이상 기후인 것

같습니다.

영국에서는 비가 자주 오기 때문에 방수 재킷이 필수랍니다. 소나기에도 견딜 수 있는 방수 재킷도 많습니다.

최근에 55파운드 주고 저도 하나 샀습니다. 그 재킷은 나이키 제품인데 정말 멋있고 따뜻합니다. 품질이 좋은 만큼 가격도 한국 돈으로 11만 원이나 합니다.

최근에 우리 가족에 대한 소문이 이상한 쪽으로 돌아가는데 그거 다 거짓말이니 절대 믿지 마세요.

할아버지 할머니 댁에 언제나 평안과 행복이 있길 기원합니다.

손자 대복 올림

〈예시 3〉

Graduation

It was the last day of my normal school days. The first lesson went on according to the timetable and the rest of time was for graduation rehearsal.

The rehearsal was held for about two hours and the graduation for about an hour.

The headteacher made a brief speech in the introduction. And then 100% attendance awards were given out. I gained the award. About seven students earned the awards.

A girl played the flute magnificently. The Academic Achievement Awards were then presented. Most of the students got the awards. I got mathematics award. Some students got nine subject commendations.

Some students burst into tears after the graduation. But I didn't feel anything.

2000년 5월 19일 금요일 맑음

오늘이 정규수업의 마지막 날이었다. 1교시만 정상 수업을 하고 나머지 시간에 졸업식 연습을 하였다.

1시간이 약간 넘는 졸업식을 위해 2시간 농안 연습을 하였다.

먼저 교장선생님의 간단한 설명

이 있은 후 100% 출석률을 기록한 학생들에게 상이 수여되었다. 물론 나도 개근상을 받았다. 대략 7명 정도 개근상을 받았다.

다음으로 어느 여학생의 플롯 연주가 이어졌다. 다음에는 학업성적 상이 수여되었다. 이 상은 반에서 2~3명을 제외하고는 모두 받는 상인데, 나는 수학과목에서 상을 받았다. 어떤 높은 반의 학생은 무려 9개를 받는 것을 보았다. 우리와 마찬가지로 졸업을 하는 13학년들도 상을 받았다.

몇몇 학생들은 졸업식이 끝난 후 눈물을 보였다. 그러나 나는 아무런 감흥이 없었다.

3. 영어 일기의 형식

보통 논리적인 글쓰기는 '6하원칙'에 따라 글의 내용을 전개한다. '언제(When), 어디서(Where), 누가(Who), 무엇을(What), 어떻게(How), 왜(Why)'가 바로 6하원칙의 내용이다. 모두 6개의 의문사로 이루어져 있으므로 6하원칙이라 이름 하며, 영어의 경우 5개의 W와 1개의 H로 구성되어 있으므로 '5W1H'라고 부르기도 한다.

다른 하나의 방법은 대화체 문장을 많이 사용하여 일기를 쓰는 일이다. 마치 어떤 소설에 나오는 사람들 사이의 대화처럼 일기도 대화문을 사용하여 얼마든지 재미있게 구성할 수 있다. 대화체 문장에는 여러 가지 문장부호가 자주 사용되므로 따옴표 등 문장부호에 특별한 주의를 기울여야 한다.

〈예시 4〉

Nap

I am always tired as I am working very hard. In weekdays, I am not able to take naps because I have no time. It was Saturday today and I was so tired that I decided my mind to take a nap.

"You, wake up right now!" My mother shouted at me.

I didn't say anything and kept on lying on the bed. In fact, I was tremendously sleepy so I didn't care my mother.

But it was my mistake. My mother never gives up doing anything she can do. This time she hit my hip very hard.

"Leave me alone. It's Saturday. I surely need some rest", I argued.

"Clean the house using this vacuum cleaner", she ordered me.

"Why me? My brother is stronger than me", I said to her in an angry manner.

That made her angrier and she lost her temper again. Finally, I had no choice but to clean all over the house.

2000년 3월 11일 토요일 밝음

나는 힘들게 공부하기 때문에 늘 피곤하다. 솔직히 말해, 주 중에는 낮잠 잘 시간이 없다. 오늘은 토요일이 아닌가. 너무 피곤한 나머지 꿀맛 같은 낮잠을 즐기고 있었다.

"얘야, 당장 일어나!" 그것은 뇌성벽력이었다.

나는 못 들은 체하면서 계속 침대에 누워 있었다. 사실 너무 졸려 어머니 말씀이 귀에 들어오지 않았다.

그러나 그것은 나의 실수였다. 우리 어머니는 자기가 할 수 있다고 생각하는 일은 절대로 포기하지 않는 분이다. 이번에는 엉덩이를 때리기 시작했다.

"그냥 놔두세요. 토요일인데 낮잠 좀 자면 어때요?" 나는 항의하였다.

"진공청소기로 집안 청소 좀 해라." 어머니의 명령이었다.

"왜 내가 해요? 형이 있잖아요. 힘센 형이 있는데……"

이 말에 어머니는 더욱 화가 났다. 결국 나는 청소를 하였다.

4. 영어일기와 한글일기를 병행하여 쓰자

영어일기를 쓰는 두 가지 방법이 있다. 하나는 영어일기만을 쓰는 방법이며 다른 하나는 영어일기와 한글일기를 같이 쓰는 방법이다.

영어 일기만을 쓰는 것도 나름대로 영어일기의 목적을 훌륭하게 달성하는 일이다. 영어로 일기를 쓴다는 자체가 굉장히 의미 있는 일이다. 일기 쓸 시간이 충분하지 않은 사람은 영어일기만 써도 충분하다. 영어일기와 한글일기는 서로 보완적인 성격이 있기 때문이다. 다시 말해, 영어일기의 부족한 점을 한글일기가 도와줄 수 있기 때문이다.

〈예시 5〉

Fine, Saturday, 9 September 2000

추석맞이 한인 잔치

It was 'Chusok' day in Korea today. So the Koreans in this area gathered in Griffin Close to celebrate it. My mother made some food and went to the meeting with her friends.

My father went to the university library so he couldn't take part in. I wanted to stay home and read some books and rest. My brother didn't go there without a cause.

My mother came back home at about six and she said she had a great time. But I was satisfied to stay home. I did not want to see all those people at all. My brother felt remorse to stay home but it was too late for him. I recommended him to go but he didn't.

오늘이 추석이라서 한국 사람들이 그리핀에 모여서 잔치를 열었다. 어머니는 잡채를 만들어 지아 어머니와 함께 회식 장소에 가셨다.

아버지께서는 학교 도서관에 가셨고 나와 연욱이는 집에 남았다. 나는 책을 읽으며 쉬고 싶었다. 동생에게는 내가 참석하라고 권하였지만 연욱이는 무슨 까닭인지 가지 않았다.

어머니는 약 6시경에 돌아오셨는데 그리핀에서의 잔치가 아주 재미있었다고 하셨다. 아무리 재미있었다고 해도 나는 집에서 쉬는 게 더 좋았다. 그러나 동생은 가지 못한 걸 후회하기 시작했으나 너무 늦었다. 내 말을 안 듣더라니. 쯧쯧.

<u>**5. 일기는 단락을 구분하여 써야 한다.**</u>

영어일기를 쓸 때 반드시 단락을 구분하여야 할 이유는 무엇일까? 단락을 구분하면 다음과 같은 좋은 점이 있다.
- 글을 쓰는 사람이 글의 내용을 논리적으로 전개할 수 있다.
- 글을 읽는 사람이 글의 내용을 체계적으로 쉽게 이해할 수 있다.
- 단락마다 하나의 중심 생각이 다루어진다는 것을 암시한다.
- 시각적으로 보기 좋고 읽기 좋다.

〈예시 6〉

English Lesson

Today at half past 6 at night, my special English teacher was supposed to come to my house. But she didn't.

My mother was extremely upset and I felt upset very much as well. Whoever made a promise then should keep the promise.

The phone call from Miss May, who is my special English teacher, should have been made to my house when she was late visiting my house. But she didn't ring my house.

Actually when Miss May was about 15 minutes late, my mother began to use the internet. That's why Miss Mays phone call didn't come through to my house.

I don't care that Miss May didn't keep her promise because it was very dark at half past 6 and it was very hard to find one flat amongst so many similar shapes in this area.

2000년 12월 7일 목요일 비

오늘 저녁 6시 30분에 나의 영어 과외 선생님이 우리 집으로 오기로 되어 있는데 오시지 않으셨다.

어머니는 몹시 기분이 언짢았고 나도 그랬다. 누구든 약속을 하였으면 그것을 지켜야 한다. 약속은 지켜지기 위해 존재하는 것이기 때문에.

Miss May는 약속을 지키기 어려울 경우 당연히 전화를 했어야만 했다. 그러나 그분은 그러지 않았다.

사실 약속 시간이 15분 정도 지나자 어머니께서 인터넷을 하시기

〈예시 7〉

The X − Files

I finished the book I had borrowed yesterday from the Central Library. It was a comic book called 'The X − Files.'
It wasn't as easy as I thought even though it was a comic.

The book contained so many difficult scientific words that I needed the dictionary all the time.

I read the front part of the book about the editor of the book. The cover and illustrations were made by a person

시작했다. 내 생각에 그 때문에 Miss May의 전화가 걸려 오지 못했던 것이다.

나는 Miss May가 늦은 것에 대해 이제 별로 상관하지 않는다. 오후 6시 30분이면 아주 깜깜하고 이 아파트 지역에서 우리 집을 찾는다는 것이 어렵다는 것을 알기 때문이다.

2000년 8월 11일 금요일 맑음

어제 중앙도서관에서 빌린 만화책을 오늘 다 읽었다. 제목은 X파일이다.
만화이지만 생각보다 쉽지는 않았다.

어려운 과학용어가 너무 많아 사전을 자주 찾아보아야만 했다. 중요한 단어의 뜻을 모르고는 책을 제대로 이해할 수가 없기 때문이다.
책의 앞부분에 있는 편집자 소개를 읽었다. 책의 표지 그림과 본문 삽화는 Miran Kim이라는 사람이 그

called Miran Kim. I didn't recognize the name at first, but now I am quite sure the illustrator is a Korean woman.

There was an astounding comment in the book poster before a new chapter. It was written in eight Korean letters.

What a shocking note! What I still can't understand is why the political comment was written in a science fiction comic book. All the episodes in the comic book were not concerned with Korea.

Reading a comic book is more interesting than reading a novel because I don't get bored easily. I'll borrow some more comic books.

렸다. 나는 처음에는 삽화를 그린 사람이 한국인임을 알아차리지 못하였으나 이제 그가 한국 여성이라고 확신할 수 있다. 김미란이라는 이름은 한국 여성의 이름이 아닐까?

어느 장의 앞부분에 깜짝 놀랄 만한 문구가 들어 있는 포스터가 있었다. 우리말로 쓰인 '남북통일 소원성취'라는 문구였다. 왜 SF만화책에 그런 문구를 집어넣어 삽화를 그렸는지 지금도 명쾌하게 이해할 수 없다. 만화책의 모든 에피소드는 한국과는 관련이 없기 때문이다.

만화책을 읽는 것은 소설을 읽는 것보다 재미있다. 쉽게 질리지 않기 때문이리라. 만화책을 몇 권 더 빌리고 싶다.

2. 펜팔(pen pal)

Ⅰ. 편지 쓰는 자세(Introduction)

영문편지를 쓰는 데 있어서 다음 3가지 사항을 항상 유의해야만 한다.

① 가능한 한 쉬운 말을 사용해서 알기 쉬운 문체로 쓰는 것이 좋다. 편지는 말로 전하는 대신, 글로 전하는 것이므로 이를 염두에 두고 말로 하는 것과 같은 기분을 가지고 쓰는 것이 매우 중요하다. 말로 하는 경우와 다른

것은 어떠한 내용을 잘 정리해서 무리하지 않게 전하는 일이다. 그러나 의도하는 바를 충분히 상대방에게 전할 수 있도록 쓰지 않으면 안 된다.

② 상대방이 잘 알아볼 수 있도록 쓰는 일이다. 그 편지를 읽는 상대방이 편지의 의도를 충분히 이해할 수 있는가 어떤가를 항상 염두에 두고 써야 한다.

자기만이 아는 글은 아무리 명문이라 할지라도 금물이다.

③ ②와 관련된 것이지만 셋 중에서 가장 중요한 일로 즉 자기 마음을 그대로 표현할 수 있도록 쓰는 일이다.

다정한 마음이 숨겨진 편지는 읽는 사람으로 하여금 따뜻한 감정을 느끼게 한다. 풍부한 감정을 주는 편지를 대부분 바라고 있다. 그러나 모국어의 경우는 그렇지 않지만 서투른 외국어의 경우, 충분히 표현법을 습득하지 못했을 때 자신의 감정을 그대로 나타낼 수는 없다.

한 가지 의미가 여러 가지 말로 사용되는 표현법을 배운 다음 자신의 것으로 창조해 낼 수 있는 정도로 실력을 갖추어야만 한다.

II. 영문편지 구성방법(How to construct an English letter)

영문이나 국문을 막론하고 편지를 쓸 때에는 누구나 그 순서에 대해서 생각하게 되지만 영문편지에서는 상업편지를 제외하고는 개인적인 편지에 있어서는 특정한 순서가 있는 것이 아니다. 부언한다면 서두에서는 보통 상대방의 안부를 묻는다든지 자기의 무성의했던 답장에 대해서 사과를 하든지 하는 정도의 것으로 하는 것이 좋다. 때에 따라서는 이것도 생략하고 바로 본문으로 들어가는 방법도 있다.

편지의 본명(골자)은 그때의 편지에서 꼭 상대방에게 전하지 않으면 안 될 것이 있다면 그것을 염두에 두고 많은 부분을 차지하고 써야만 한다. 쓰는 장소는 편지지의 절반보다 앞부분이 적당하다고 생각되지만 사정에 따라서는 마지막에 마무리하면서 쓰는 것이 더 좋은 때도 있다. 예를 든다면 무엇인가 상대방에게 부탁할 사항이 있을 경우 등 마지막 부분에 끝맺으면

서 부탁하는 것이 무리가 없고 효과적이다. 또한 기쁜 일 등을 알려야 할 때에도 상대방이 이미 예측하고 있는 경우에는 물론 첫 부분에 쓰는 것이 좋지만 상대방이 아직 모르고 있을 때라면 모든 것을 다 쓴 다음에 마지막에 그치면서 상대방에 알리는 것이 여러 면으로 좋다. 요는 쓰려고 하는 사항들은 먼저 분류해 놓고 그 순서를 스스로 결정하여 쓰는 것이 좋다.

이다음 편지에서는 생각한 사항을 생각날 때마다 메모해 두는 것이 좋다. 답장의 편지에도 꼭 답해야 할 것을 편지를 읽을 때 바로 메모하여 두었다가 답장을 쓸 때에 참고하여 정리하는 것이 유리하다. 편지가 길어서 시간이 많이 걸리면 상대방에게 지루한 감을 주지만 반대로 간단히 끝나는 것도(특별히 급한 경우를 제외하고) 좋지 않다.

Ⅲ. 여러 가지 편지의 예문

(1) 감사편지 Examples of Thanking Letters

March 15, 2000

Dear Mrs. Kim,

I enjoyed seeing all the things that Peter brought from Korea and was happily surprised with gifts from you. Korea and was happily surprised with gifts from you. The sake cup is exquisite workmanship, and I treasure it. The scarves are lovely, and I will think of you whenever I wear one. Thank you so very much.

I should have told you before this how much I have enjoyed the dress made from the material you gave me. Everyone asks where the material came from, and I proudly reply, "From Korea."

I have just returned from a two months' trip. I spent several weeks in Southern California and one in San Francisco, ten days in Salt Lake City and four days in Washington D. C. with my granddaughter.

I went through the White House Capitol Bldg., sat in the Senate Gallery, and then went to the Smithsonian Institution and the National Gallery, and saw President Kennedy's grave and many other things around Washington. I will drive down there the last of the week to bring my granddaughter back. She has too much luggage to come by plane.

Several of my California friends will be in Korea this year — one couple will spend a month there. I wish I could be with them; maybe next year I will get to go.

Thank you again and give my regards to your husband.

Sincerely,

Elizabeth Moore

(2) 친절에 감사하는 편지 Thanks for Hospitality

April 30, 2000

Dear Professor Kim,

I hope that you have had a chance to recover from what must have been a very strenuous period for you. I trust that the preparations for the meeting are going satisfactorily.

Enclosed please find a picture of the building and its surroundings the way they look early in 1976, as a small token of my gratitude for your hospitality.

With warm regards to you and Mrs. Takahashi,

Sincerely yours,

Robert Schneider

Professor of − − −

......

(3) 문상 편지 Examples of Condolences

Nov. 3, 2000

Dear Mr. Han,

As my letter to your mother will have told you, we are all grieving with you at the loss of your dear father, our dear friend.

It is so hard to give up our good friends. Your father was one of these ...... and his memory will always be a part of our precious heritage.

The children all join me in sending sympathy to you all.

Yours sincerely,

Helen Black.

(4) 데이트를 청하는 편지와 그 회답

A Letter Asking for a Date and Two Answers

Dear Carolyn,

Last Friday's dance was really great. I had to write to you and tell you how I enjoyed myself.

I'm glad you liked the orchestra, too. We don't often get to dance to a big band these days. Jazz Cambos seem more popular.

The evening was especially swell because we had the chance to meet each other. It's not often that two people who seem to get along so well meet for the first time at a dance. Judging from your conversation, we seem to agree on a lot of things.

To tell the truth, Friday's dance was the first time since the beginning of the semester that I've made a visit home. Perhaps you remember that I told you I belong to the Sigma Chi fraternity here at the University.

In two weeks the fraternity will have its spring dance. I'd be very pleased if you could come and be my partner.

Please come, won't you?

Yours,

Bob

Dear Bob,

I was so glad to get your letter. When you told me that you might write, I kept hoping that you really would.

You can't imagine how happy I am at being invited to your fraternity's dance. But, really, you don't have to invite me to a fancy party. Just to see you again in enough for me.

Your party will be the first time for me to go to a fraternity dance. Actually I'm kind of scared. But then you'll be there, so there really won't be anything to be afraid of.

Thank you very much for asking me. I'll see you then.

Yours,

Carolyn

(5) 펜팔(자기소개)

September

Dear Carol:

Please let me introduce myself. My name is Lee Ha-rim. I am interested in writing to some one in the United States. I received your name through a pamphlet(people to people) which I got at the American Cultural Center. I'm very interested in learning more about the American "way of life." I think the best way for me to do this is to correspond with an American. In return I hope to give you some idea of our life here in Korea.

Let me tell you more about myself. I was born in 1985. I live in Seoul, Korea. Many people live in my city. I'm in my second year of high school. My school is very big. I am taking commercial courses. I have a big family: father, mother, 3 brothers, 2 sisters and a grandfather. I am the youngest. My eldest brother is married and he and his family live with us. Also one of my sisters is still at home.

I'm interested in many things, such as music, sports, books and hiking. My favorite hobby, though, is building things. I've built a radio and a record player. I don't have too much time for hobbies because I must help my father after school.
He is a tailor and he works at home. So I am his delivery boy.

I hope you'll be interested in writing to me. Please tell me about yourself.

Are you able to understand my English?

Sincerely,

Ha-rim

(6) 펜팔(회신)

October

Dear Ha-rim:

I was pleased to receive your letter. I am very happy to be your pen pal. As you know, I live in New York City. I am 16 years old. I am in my 1st year of high school. My school is coeducational. We just started school last month. It doesn't take me long to get there. It's only a ten-minute walk. I'm studying English, World History, Algebra, French and Homemaking. I also have Physical Education. My favorite class is French. I belong to the French Club. I don't like Algebra. It's very difficult. My hobbies are tennis, ice skating and horseback riding. I also read a lot. Right now I'm reading some poetry by Emily Dickinson.

My family is small—just my parents and my sister, age 19. My sister works as a salesclerk in a big department store. We live in an apartment. It's quite large.

There are 3 bedrooms, a living room, a dining room, and a kitchen. It's on the 10th floor of the building, so we have a nice view. My father works for a television network here in the city. My mother also works. She is an interior decorator. Sometimes we go to Korean restaurants. I get very tired sitting on the floor. Do you ever get tired?

October 31 is Halloween. Little children dress up in costumes and go to houses. There they are given candy or cookies. On that day I'll go to a costume party at school. We'll dance and eat. Do you like to dance? What kind of dances do you like in Korea? Do you ever hear American singers?

Just as I started to close this letter, the radio said a big typhoon is approaching Korea. Hope it won't do any serious damage.

Your friend,

Caroline

P.S. Do you have a nickname? Mine is Carol. It's short for Caroline.

Chapter 10

단락(Paragraph)과 에세이(Essay)

Part Ⅰ. The Paragraph

1. Types of paragraphs

A paragraph is a group of sentences that works together to develop a main idea. Paragraphs are organized differently depending on their purpose. There are three main types of paragraphs in English: narrative, descriptive, and expository.

(1) Narrative Paragraphs

A narrative paragraph tells a story. Look at this model. This is a story about one trip and what happened before, during, and after it. You can, of course, tell stories of shorter or greater length. The most important feature of a narrative paragraph is that it tells a story.

★ *Model Paragraph* ★ — — — — — — — — — — — — — — — — —

〔Europe – Here I come〕

My first trip abroad was very exciting. When I was planning my trip, I looked for the cheapest airfare to Europe. Once I booked my flight, I concentrated on getting the things I needed for my month long adventure, including a passport and a Eurail pass. I decided that a backpack was the only luggage that I would need, so I bought a big one and jammed everything into it. On the day I left, I was excited and also a bit nervous because this was going to be my first trip without my parents. The flight there was much longer than I had expected, but once I arrived, I was hooked on Europe. I landed first in Amsterdam, and over the next month, I visited ten European cities from London to Rome. Everywhere I went, there were lots of young people from all over the world. We often traveled together, and we had some great times. We traveled by train and stayed in cheap hotels and youth hostels. My parents were horrified when I returned home and told them some of my stories, but I will never forget that trip. Although trips like this have become common for people of my generation, it was an unforgettable adventure for me.

(2) Descriptive Paragraphs

The second kind of paragraph is a descriptive paragraph. This kind of paragraph is used to describe what something looks like. For example, you might need to describe a city for an essay about life abroad, the equipment in an experiment for a laboratory report, or a person's appearance for an essay about that person. Look at these two models. Each gives the reader a clear mental picture of what is being described. This is the goal of a descriptive paragraph.

★ *Model Paragraph* ★ — — — — — — — — — — — — — — — — —

[My Not – So – Innocent Cat]

My first little kitten has turned into a mischievous and beautiful feline. Her fur is white, which makes the perky ears on top of her head look a little pink. Her eyes are big and yellow. When she's wide awake and in trouble, they can look as bright as the sun. Her nose is pink, and under that is her mouth. It is usually open and talking or has a sly smile on it. On both sides of her mouth are whiskers. They are long and seem to dance in the sunlight. This seemingly innocent head is attached to a rather plump, but hardly lazy, body. Her legs are strong and allow her to make an escape in a matter of minutes. At the end of her body is a long tail that is constantly in motion. In short, I have to say that I love everything about this little troublemaker of mine.

what about you?

Have you ever had a pet?
What kind of animal was your first pet?
What did it look like?

(3) Expository Paragraphs

The goal of expository writing is to explain something to the reader. You can explain something in many ways. Some of these are:

1. *by comparing two things or people(e.g., buildings, political leaders, economic theories)*

2. *by showing the steps in a process(e.g., how to increase profits, how to evaluate a painting)*

3. *by analyzing something*
   - ♠ *dividing something into its parts(e.g., different theories of learning, different kinds of governments)*
   - ♠ *analyzing a problem(e.g., global warming, nuclear power, high divorce rates)*

4. *by persuading*
   - ♠ *trying to make others do something(e.g., stop smoking, sign a petition, join organization)*
   - ♠ *arguing for your opinion(e.g., American cars vs. foreign cars, the pros and*

cons of giving grades in school)

Both of the following paragraphs are expository. The first explains how to do well on a standardized test. The second argues the point that teenagers shouldn't be allowed to get a driver's license until they are eighteen years old.

★ Model Paragraph ★ — — — — — — — — — — — — — — — — — —

〔Getting a Driver's License〕

In my opinion, people should be at least eighteen years old before they are allowed to get a driver's license. First of all, people under eighteen should be concentrating on their studies. It takes a lot of time for teenagers to learn the rules of the road and how to handle a vehicle. It would be better if they used this time to study. Second, statistics show that young drivers have more accidents than older drivers. They tend to be careless, and a machine that weighs several thousand pounds should be handled very seriously. Finally, and most importantly in my opinion, if teenagers cannot drive, they learn other ways to get around that may lead to good lifelong habits, such as using public transportation, bicycling, or just walking. These habits may ultimately help the environment and most certainly will help teenagers to be more physically active. In short, it is clear that there are many good reasons for a young person to wait until age eighteen to get a driver's license.

what about you?

Do you have a driver's license?

How old were you when you got it?

(4) Mechanics

When you write a paragraph in English, you must use correct paragraph format.
Follow the example below.

		Name
		Date
	Title	
	The first sentence of your paragraph must be indented	
	five spaces. Do not start each sentence on a new line.	
	Each sentence begins where the sentence before it ended.	
	The rest of the lines should start at the left margin.	
	Margins on both sides of the page should be about an inch.	
	Begin each sentence with a capital letter, and end each	
	sentence with correct punctuation – a period, a question	
	mark, or an exclamation point. Also, you should double – space	
	your paragraph. This means writing on every other line.	
	Finally, center your title on the first line, and add your	
	name and the date in the upper right – hand corner.	

There are five points to note about this paragraph.

1. *The first sentence begins five spaces to the right. This is called indentation. Most paragraphs are indented. That way, we know where one paragraph ends and another begins. Longer pieces of writing, such as essays, have several paragraphs and therefore several paragraph indentations.*
2. *Next, sentences always start with a capital letter and end with a period, a question mark, or an exclamation point.*
3. *The third point is that each sentence begins where the previous sentence ends. A new sentence does not automatically begin on the next time.*
4. *Another important point is to write on every other line. This is called double − spacing. It may not always be necessary to double − space on tests, but it is usually necessary on compositions and term papers.*
5. *Finally, remember that there should be margins around a paragraph. There should be about one inch of space on each side of the paper.*

2. Organization of paragraphs

(1) Basic Organization

Paragraphs have a very specific organizational pattern. By this, we mean that all paragraphs are put together in a similar way and use the same three basic parts: topic sentence, body, and concluding sentence. When you follow this pattern, your paragraph will be easy for your reader to understand. Look at this model paragraph.

【Ways to Celebrate New Year's Eve】

<u>People in the United States celebrate New Year's Eve in many ways.</u> 〔The most common way may be going to a big party with lots of friends, music, and dancing. At the stroke of midnight, people at these parties grab their sweethearts and spend the first seconds of the new year kissing them. Another way to spend New Year's Eve is with the significant other in your life. The new year is greeted with a champagne toast to the relationship. Sometimes, families with children like to spend the evening together, letting the "kids" stay up until midnight. Finally, some people like to spend the evening by themselves. They use this time to evaluate the past year and to make resolutions and plans for the coming year. It is a time of reflection that can only happen when one is alone.〕 <u>In short, New Year's Eve is a special time that can be spent with friends, with family, or even alone.</u>

This paragraph begins with a sentence that introduces the topic and main idea of the paragraph. It is called the topic sentence. The middle part of the paragraph is called the body, and it consists of sentences that explain, or support, the topic sentence. These sentences are called supporting sentences. The last sentence is called the concluding sentence, which ends the paragraph by reminding the reader of the main point of the paragraph.

Paragraphs can stand alone or they can be parts of longer pieces of writing, such as essays. When they stand alone, they almost always consist of these three parts, but when they are part of a longer piece of writing, there can be many variations in their style. These variations will be discussed in Chapter 10. However, basic academic writing in the United States is linear in structure; that is, it has a beginning, a middle, and an end, and it continues directly from one part to the next. Once you have mastered this organizational pattern, you will be able to use it in all types of writing in English.

(2) The Topic Sentence

A topic sentence is the most important sentence in a paragraph because it contains the main idea of the paragraph. A good topic sentence has two parts: the topic and the controlling idea. The topic is the subject of your paragraph. It is what you are writing about. The controlling idea limits the topic of your paragraph to the aspect of that topic that you want to explore in your paragraph. Look at these examples:

1. New York is | a fun place to be on New Year's Eve. |

      topic   controlling idea

2. New York has | great entertainment. |

      topic   controlling idea

3. New York is | the world's most famous city. |

      topic   controlling idea

Each of these topic sentences has the same topic, New York, but a different controlling idea. Each one would introduce a distinct paragraph with different ideas and information. The possibilities for writing about New York are practically endless, so this one topic could have many controlling ideas. Therefore, you could write many different paragraphs about New York.

(3) The Body(Supporting Sentences)

In terms of content, the supporting sentences support the topic sentence. One of the most common ways to support a topic sentence is to use facts or statistics.

★ *Model Paragraph* ★ — — — — — — — — — — — — — — — — — —

【An Expensive Holiday】

Valentine's Day is a very expensive holiday. Typically, people who are in love with each other exchange gifts. The gifts often cost a lot of money, sometimes as much as $100. In some cases, if you don't spend that much, your sweetheart might think you don't care. Some less expensive gifts that people often give are chocolate and flowers. One pound of good chocolate may cost $10 to $15, and when you add up all of the chocolate that is sold on Valentine's Day, the total is probably well over $1 million. Flowers cost more than chocolate, so sales of flowers may amount to $5 million! Also, it is often expected that you and your sweetheart will go out to dinner on that evening. A romantic dinner at a nice restaurant may cost $100 or more per person. It seems to me that Valentine's Day is one of the most expensive days of the year.

A second way to support a topic sentence is with examples.

The third common way of supporting a topic sentence is by using an illustration that is based on a personal experience. This paragraph relates a personal experience about Valentine's Day.

【A Sad Valentine】

Valentine's Day makes people feel bad if they are alone. Last Valentine's Day, I was alone because I had broken up with my boyfriend the week before. On that Valentine's night, I was expecting roses and chocolates from him when he took me out to a romantic dinner, but instead I stayed in and ate a frozen pizza and a candy bar in front of the TV while I looked at my artificial flowers. I was so upset. Then, I found the present that I was going to give him on Valentine's Day. It was a cute teddy bear holding a big heart that said, "I love you!" As I held it, I realized that the only Valentine card I had received was from my grandmother. I started to cry and wondered how many other people felt as bad as I did. It's clear that Valentine's Day can only be a happy day if you have someone special to share it with.

Major and Minor Supporting Sentences

In terms of organization, especially of expository paragraphs, there are two types of supporting sentences: major supporting sentences and minor supporting sentences. The **major supporting sentences** *are the main details that tell us about the topic sentence. The* **minor supporting sentences** *tell us more about the major supporting sentences.*

Look again at the paragraph "Ways to Celebrate New Year's Eve" on page 18. Below, it has been diagrammed to show the parts of a paragraph, including the major and minor supporting sentences.

Topic Sentence(TS)

▶ People in the United States celebrate New Year's Eve in many ways.

Major Supporting Sentence(SS)

▶ The most common way may be going to a big party with lots of friends, music, and dancing.

Minor Supporting Sentence(SS)

▶ At the stroke of midnight, people at these parties grab their sweethearts and spend the first seconds of the new year kissing them.

Major Supporting Sentence(SS)

▶ Another way to spend New Year's Eve is with the significant other in your life.

Minor Supporting Sentence(SS)

▶ The new year is greeted with a champagne toast to the relationship.

Major Supporting Sentence(SS)

▶ Sometimes, families with children like to spend the evening together, letting the kids stay up until midnight.

Major Supporting Sentence(SS)

▶ Finally, some people like to spend the evening by themselves.

Minor Supporting Sentence(SS)

▶ They use this time to evaluate the past year and to make resolutions and plans for the coming year.

Minor Supporting Sentence(SS)

▶ It is a time of reflection that can only happen when one is alone.

Concluding Sentence(CS)

▶ In short, New Year's Eve is a special time that can be spent with friends, with family, or even alone.

It is important to note that all major supporting sentences do not need to have the same number of minor supporting sentences. In fact, sometimes you will not have any minor supporting sentences at all.

(4) The Concluding Sentence

*The **concluding sentence** of a paragraph is generally a **restatement** of the topic sentence. It may not be possible to restate the topic itself, but it is always possible to restate the controlling idea. Look at this paragraph and pay particular attention to the topic sentence and its restatement in the concluding sentence.*

★ *Model Paragraph* ★ — — — — — — — — — — — — — — — —

〔Celebrating the New Year〕

The new year is celebrated throughout the world at many different times, based on the solar or lunar calendar. January 1 is recognized throughout the world as the beginning of the new year, but this date is the beginning of the Christian year based on the Gregorian solar calendar. The Jewish new year is called Rosh Hashanah and is celebrated in September of October even though the Hebrew calendar is lunar. The Chinese new year, called Tet in Vietnam, follows a lunar calendar and comes on a day between January 10 and February 19 according to the solar calendar. Islam also uses a lunar calendar. Its new year celebration is in the spring, and the date varies depending on the year. In short, Christians use the solar calendar, whereas Jews, Chinese, Vietnamese, and Muslims use a lunar calendar to determine when to celebrate the new year.

(5) Mechanics

Punctuation Marks

The use of punctuation marks varies greatly from language to language. In academic writing in English, the rules of punctuation must be followed carefully.

*To use punctuation marks correctly, you must have a basic understanding of sentence structure. A sentence must have an **independent clause**. Look at the meanings of these words to help you understand what an independent clause is.*

independent: able to stand alone; not dependent on something else

clause: a group of words containing a subject and a verb

independent clause: a group of words that contains a subject and a verb and that can stand alone

Note that the basic punctuation pattern for a sentence is to begin it with a capital letter and end it with a period.

[참조] 구두점(punctuation)

1. *period*→

2. *comma*→

3. *Question mark*→

4. *Exclamation mark*→

5. *Colon*→

6. *Semi－colon*→

7. *hyphen*→

8. *Dash*→

9. *Apostrophe*→

10. *Quotation marks*→

11. *Parentheses, Brackets, Braces*→

12. *Italics*→

Part Ⅱ. 【Model Essays】

Topics			
MA	Making an Argument	63	34%
AD	Agreeing or Disagreeing	54	29%
PR	Stating a Preference	39	21%
EX	Giving an Explanation	29	16%

As you study these topics and the essays, look for the organizational patterns. Can you find the three main points and the supporting details in each essay?

1	MA	Some people believe that university students should be required to attend classes. Others believe that going to classes should be optional for students. Which point of view do you agree with? Use specific reasons and details to support your answer.

Some people believe that going to classes should be optional for university students, but I disagree. Students learn a lot more in classes than they can learn from books. In class they have the advantage of learning from the teacher, of interacting with their classmates, and of developing the responsibility it takes to be a good student.

When students attend class, they receive the benefit of the teacher's knowledge. The best teachers do more than just go over the material in the class textbook. They draw their students into discussion of the material. They present opposing points of view. They provide additional information by inviting guest speakers or showing documentary films.

Going to class also teaches students how to work with other people. In class, students have to present their ideas to their classmates. They have to defend their ideas if their classmates disagree with them, but still remain friendly when the discussion is over. They have to learn to work in groups to complete class projects.

Attending classes teaches students responsibility. Having to be at a particular place at a particular time prepares them for getting a job. Having to complete assignments on time also helps develop responsibility.

Anyone can get information from books, but students get a great many more advantages when they attend class. They get the benefit of the teacher's knowledge and experience, and even more than that, they learn how to work with others and to develop a sense of responsibility. These are not optional skills in life, so attending classes should not be optional at a university.

2	AD	"When people succeed, it is because of hard work. Luck has nothing to do with success." Do you agree or disagree with the quotation above? Use specific reasons and examples to explain your position.

When people succeed, it is because of hard work, but luck has a lot to do with it, too. Luck is often the final factor that turns years of working hard into success. Luck has helped people invent and discover things, it has helped people become famous, and it has helped people get jobs.

Many people have discovered or invented things with the help of luck. Columbus worked hard for years to prepare for his trip around the world. Many thought he was crazy, but still he was able to get support for his endeavor. He worked hard to be able to make his trip to India, but it was because of luck that he actually found the Americas.

Luck can help people become famous. Consider movie stars. Many work hard to learn how to act. They take acting classes. They work at small, low — paying jobs in order to gain experience. Then one day a lucky actor may be given a certain part in a movie, and he gets noticed for it. Or he meets a movie director at the right time and place. Years of hard work bring him close to success, but that one lucky chance finally helps him succeed.

Because of luck, many people find jobs. A person may spend weeks writing and sending off resumes, looking at help wanted ads, and going on job interviews. But often it is because of luck that a job hunter meets the person who will give him or her a job, or hears of an opportunity that isn't advertised in the newspaper. Being in the right place at the right time is often what gets a person a job, and that is all about luck.

It is certainly difficult to be successful without hard work, but hard work also needs to be helped by a little luck. Luck has helped many people both famous and ordinary, become successful. I think that luck and hard work go hand in hand.

3	PR	A company has announced that it wishes to build a large factory near your community. Discuss the advantages and disadvantages of this new influence on your community. Do you support or oppose the factory? Explain your position.

People like factories because they bring new jobs to a community. In my opinion, however, the benefits of a factory are outweighed by the risks. Factories cause pollution and they bring too much growth. In addition, they destroy the quiet lifestyle of a small town. That is why I oppose a plan to build a factory near my community.

Factories cause smog. If we build a new factory, the air we breathe will become dirty. Everything will be covered with dust. Factories also pollute rivers and streams. Our water will be too dirty to drink. The environment will be hurt and people's health will be affected by a factory.

Some people will say that more jobs will be created by a factory. However, this can have a negative result. Our population will grow quickly. Many new homes and stores will be built. There will be a lot of traffic on the roads. Fast growth can cause more harm than good.

Our city will change a lot. It is a pleasant place now. It is safe and quiet. Everybody knows everybody else. If a factory brings growth to the city, all of this will change. The small—town feel will be lost.

A factory would be helpful in some ways, but the dangers outweigh the benefits. Our city would be changed too much by a factory. I cannot support a plan to build a new factory here.

4	EX	How do movies or television influence people's behavior? Use reasons and specific examples to support your answer.

Television is a big influence in the lives of most of us. We spend hours every week watching television programs, so of course this will affect our behavior. Unfortunately, the effect of television is usually negative. Television makes people more violent, more inactive, and less imaginative.

Many programs and movies on television are violent. The more we see violence on television, the less sensitive we become to it. Eventually violence doesn't seem wrong. This is especially true because violence on television doesn't seem to have consequences. Actors can be killed and come back for another movie. Sometimes we confuse that with reality and we forget that killing someone is permanent.

Watching television makes us less active. The act of watching television requires almost no activity on the part of the watcher. We just turn it on and change the channels. In addition, all the time that we spend in front of the television is time that we are not spending moving around, playing a sport, or taking a walk.

When we watch television, we don't exercise our imagination. All the stories are told for us. We don't even have to imagine what a character or a place looks like because everything is shown to us. When we have television, we don't have to invent a way to spend a few free moments. We just turn on the television and watch.

Television is a big influence in modern life and it can be a valuable educational tool. The other side of television, however, is that it has a strong negative effect on our behavior, encouraging us to accept violence and to be inactive and unimaginative.

5	MA	What are some important qualities of a good supervisor(boss)? Use specific details and examples to explain why these qualities are important.

Even though job situations can be very different, there are several qualities that all good supervisors have in common. A good supervisor treats her employees fairly. She gives clear directions. Most important of all, she acts as a good example for her employees.

A good supervisor is fair. She treats all her employees with equal respect and doesn't have favorites. She uses the same set of criteria to evaluate each employee's performance. She doesn't let her personal feelings about an individual influence her treatment of him.

A good supervisor gives clear and understandable directions. She doesn't constantly change her mind about what she wants employees to do. She also doesn't get angry when an employee is confused and needs more explanation.

Finally, a good supervisor sets the standards for her employees by her own behavior. She works hard and acts responsibly and gets her work done on time. She can only expect her employees to act professionally if she acts professionally, too.

Employees are more likely to do the best job they can when they are treated fairly, given good directions, and have a good example in front of them. This is why good supervisors are so important to the success of any type of business.

6	AD	Do you agree or disagree with the following statement? Television, newspapers, magazines, and other media pay too much attention to the personal lives of famous people such as public figures and celebrities. Use specific reasons and details to explain your opinion.

I think the media pay too much attention to the private lives of famous people. They discover things that happened years ago and report them as if they still mattered. They publicize things about famous people's lives that are really private, personal matters.

They put out information that could end up having a bad effect on a person's family and personal life. They do this just to entertain the public, but I don't find it entertaining at all.

The media like to dig up bad information about the past actions of famous people. They find out that a person took drugs when he was young, or that someone was a reckless driver and caused a bad accident. Then a person in her forties has to explain something that she did when she was fifteen. I don't understand how something that happened so long ago could have any interest or importance now.

The media says that the public has the right to know about the private actions of famous people. They say it is our right to know if someone had an extramarital affair or didn't pay back some money that he owed. I say these are personal matters. We respect the privacy of ordinary people and we should do the same for famous people.

The media seem to report these things without considering what might happen as a result. Reporting on a celebrity's personal affairs could have an effect on that person's family, especially the children. A celebrity's good name and credibility could be ruined before he or she can prove that the rumors are false. A person's entire career could be ruined by something that is reported in the media.

Having details of one's personal life reported in public can have all sorts of negative consequences on a person's life. Ordinary people don't have to suffer this sort of attention, and I see no reason why celebrities should either.

7	AD	Do you agree or disagree with the following statement? Attending a live performance (for example, a play, concert, or sporting event) is more enjoyable than watching the same event on television. Use specific reasons and examples to support your opinion.

Some people think that attending a live performance is preferable to watching it on television. I say, however, that if you have a good TV, it is much better to watch a performance that way. It is much more convenient and comfortable, and it is cheaper, too. I almost never attend a live performance of anything.

It is much more convenient to stay home and watch a performance on TV. I don't have to go anywhere. I don't have to worry about leaving the house on time. I don't have to worry about traffic or parking. I don't have to stand on line for a ticket. I just turn on the television at the time the event begins, sit back, and enjoy myself.

It is much more comfortable to watch a performance at home. I can wear any clothes that I want to. I know I will have a good seat with a good view. I can get up and get a snack at any time. I can relax and enjoy myself in the comfort of my own home.

It is much cheaper to watch a performance on TV. I don't have to buy a ticket. I don't have to pay for parking or for dinner at a restaurant before the performance. I already own a TV, so watching a performance on it doesn't cost me anything. If it turns out I don't like the performance, I can just turn off the TV and go do something else. I haven't lost any money, or much time either.

Watching a performance on TV is so comfortable and convenient, I don't know why people attend live performances. It's much better to enjoy them at home.

8	EX	Some people believe that success in life comes from taking risks or changes. Others believe that success results from careful planning. In your opinion, what does success come from? Use specific reasons and examples to support your answer.

I think that we must all take risks in our lives, but they must be calculated risks. If we look at the great explorers and scientists of history, we see that their successes were usually a combination of both risk taking and planning. Like the great thinkers, we must plan carefully, seize all opportunities, and reevaluate our plan when necessary.

It is hard to be successful without careful planning. In his search for a new route to India, Columbus drew maps, planned his route carefully, and gathered the necessary support and supplies. Madame Curie worked long hours in her laboratory and recorded every aspect of her experiments. Neither of them could have made their achievements without this planning.

Even with a careful plan, changes occur. Columbus was looking for India, but he ended up in the Caribbean island. Lewis and Clark were looking for a river passage west, but they discovered much more. You have to be ready to take advantage of new things as they occur.

When things go against plan, you must be ready to change direction. Columbus didn't bring back spices from the East Indies, but he did bring back gold from the Americas. It is important to make your mistakes work for you and change your plans when necessary.

You will never succeed in life if you don't take chances. But before you start, you must plan carefully so that you are ready to take advantage of every opportunity and change your plans as required.

9	PR	Some people prefer to live in a small town. Others prefer to live in a big city. Which place would you prefer to live in? Use specific reasons and details to support your answer.

I grew up in a small town and then moved to a big city. I didn't think I would like living here, but I was wrong. I think life is much better in a big city. Transportation is much more convenient, everything is more exciting, and there is a greater variety of people. I can't imagine ever living in a small town again.

Transportation is easier in a city. In a small town, you have to have a car to get around because there isn't any kind of public transportation. In a city, on the other hand, there are usually buses and taxis, and some cities have subways. Cities often have heavy traffic and expensive parking, but it doesn't matter because you can always take the bus. Using public transportation is usually cheaper and more convenient than driving a car, but you don't have this choice in a small town.

City life is more exciting than small town life. In small towns usually nothing changes. You see the same people every day, you go to the same two or three restaurants, everything is the same. In a city things change all the time. You see new people everyday. There are many restaurants, with new ones to choose from all the time. New plays come to the theaters and new musicians come to the concert halls.

Cities have a diversity of people that you don't find in a small town. There are much fewer people in a small town and usually they are all alike. In a city you can find people from different countries, of different religions, of different races — you can find all kinds of people. This variety of people is what makes city life interesting.

Life in a city is convenient, exciting, and interesting. After experiencing city life, I could never live in a small town again.

<table>
<tr><td>10</td><td>EX</td><td>What are the important qualities of a good son or daughter? Have these qualities changed or remained the same over time in your culture? Use specific reasons and examples to support your answer.</td></tr>
</table>

The qualities that parents wish their sons and daughters to have — obedience, loyalty, respect — have not changed. Any parent will tell you that, like their ancestors, they expect these qualities from their children. However, they do not always get what they expect.

Parents expect their children to obey them. Even when their sons and daughters grow up and get married, parents will expect obedience from them. At least, that's the way it was. Children these days still obey their parents when they are young. When they reach age 18 or 20, however, they want to make their own decisions. They want to follow their own ideas even if these ideas are against their parent's wishes.

Parents also expect loyalty from their children. If there is a dispute between families, parents expect their children to side with their own family. This is probably still very common. Most children today will support their family against others.

Parents, of course, demand respect. As children become introduced to non traditional ways of doing things, however, this quality may not endure. Children sometimes see their parents as old — fashioned. They think their parents are too old to understand them. They lose respect for their parents.

Obedience, loyalty, and respect are virtues that are being challenged today. These days we tend to show these qualities to our parents less and less. I hope, though, that my children obey me, are loyal to me, and respect me.

<table>
<tr><td>11</td><td>MA</td><td>Many people have a close relationship with their pets. These people treat their birds, cats, or other animals as members of their family. In your opinion, are such relationships good? Why or why not? Use specific reasons and examples to support your answer.</td></tr>
</table>

Pets are important because they provide us with companionship and even with love. It is not good, however, to have too close a relationship with a pet, or to treat it like a human being. Devoting too much attention to pets can prevent you from focusing on other activities and on relationships with people. It can also be a waste of money.

Sometimes people who love their pets don't want to become involved in other activities. If you invite such a friend out for coffee, for example, the friend might say, "I don't have time. I have to walk the dog." Sometimes people don't want to take a weekend trip because they don't want to leave their pets alone. They put their pets' interests before their own. Then they live life for their pets and not for themselves.

Loving a pet too much can interfere with good relationships with people. Sometimes people neglect their spouses and children in favor of their pets. A person who lives alone might devote all his attention to his pet. He might lose interest in making friends and being with people. A relationship with a pet is less complicated than a relationship with a person. Sometimes it seems easier to choose pets over people.

People spend thousands of dollars on their pets, but this money could have other uses. It seems strange to buy special food for a pet or take it to the doctor, when some people don't have these things. Children all around the world grow up without enough food, or never get medical care. It would be better to give a pet simple things and send the extra money to charity.

Pets give us a lot and they deserve our care and attention. It is never a good idea to go to extremes, however. It is important to balance your pet's needs with your own.

12	PR	Some students like classes where teachers lecture(do all of the talking) in class. Other students prefer classes where the students do some of the talking. Which type of class do you prefer? Give specific reasons and details to support your choice.

In my country, the lecture system is the most common system. It is th e one I prefer for three reasons. I am used to it, it is an efficient system, and I am too shy to talk in class.

My classes have always been lecture classes. I am used to listening to the teacher talk. We students sit quietly at our desks and take notes. We never ask questions because we don't want to seem stupid. At the end of the course, we take a test. If we can repeat on the test what the teacher said in class, we get a good grade.

The lecture system is an efficient one. The teacher is the one who knows the subject, not the students. It is a waste of time listening to a student's ideas. What good will that do me? Time is short. I want the teacher to give me as much information as possible during the class period.

Even if we could talk in class, I would never open my mouth. I am much too shy. I don't want other students to laugh at me and make fun of my ideas. I prefer to listen to the lecture and memorize the teacher's ideas.

I hope I can always study at a school where they use the lecture system. I like it because I am used to it. I also want to learn information in the most efficient matter possible, and I don't want to interrupt a teacher with my foolish questions.

13	EX	The 21st century has begun. What changes do you think this new century will bring? Use examples and details in your answers.

The 21st century will bring many changes. Some of these changes have already begun. Some of the biggest changes of the new century will be in the areas of access to information, international relations, and family structure.

We have already entered the Information Age. The internet has made information available to everyone. As time goes on, more and more people will use the Internet regularly. It will become a common part of everyday life. We will not have to go to libraries to do research, travel to hear an expect speak, or go to a store to buy a book. All the information we want will be available to us at home on our computers.

The face of international relations is changing. Countries will have to change the way they relate to one another because of the global economy. They will have to cooperate more. Already we have the European Economic Union. In the new century, countries will continue to form new alliances because of the global economy.

Family structure will also change. The traditional mother/father/children family will no longer be the only type. There will be more single —parent families and more families with adopted children. There will also be more couples who have few children or none at all.

Whatever the changes may be, whether in the way we receive information, the way nations cooperate with one another, or the way families are defined, you can be sure that there will be more change. Change is a constant.

| 14 | AD | It is sometimes said that borrowing money from a friend can harm or damage the friendship. Do you agree? Why or why not? Use reasons and specific examples to explain your answer. |

It is not a good idea to borrow money from a friend. It is not fair to the friend. It is hard for a friend to say no, to admit that she doesn't have enough money, or to ask for her money back when she needs it.

If you ask a friend for money, it is hard for her to say no. She may do many favors for you easily, but she still might feel uncomfortable about lending money. However, she doesn't want to be rude to you. If you ask her for money, she feels like she has to lend it. This puts her in an unfair position.

Your friend may not be able to admit that she doesn't have enough money. She may be embarrassed to tell you this. Or maybe she just doesn't want to disappoint you. She lends you the money, then she doesn't have enough for herself.

Your friend may feel awkward about asking for her money back. If some time passes before you repay the loan, the friend may feel embarrassed to ask you for it. Maybe she needs it, or maybe she just wants to know what is going on. But she also doesn't want to put pressure on you or make you angry. It is a difficult position to be in.

People all have different ideas about money and it can cause a lot of problems. It is better to borrow money from people you don't know well, such as bankers. Then, if necessary, you can have problems with them. and maintain good relationships with your friends.

| 15 | PR | Some people prefer to work for a large company. Others prefer to work for a small company. Which would you prefer? Use specific reasons and details to support your choice. |

I would prefer to work in a large company rather than a small one. A large company has more to offer in terms of advancement, training, and prestige.

In a large company, I can start at an entry—level position and work my way up to the top. I can start in the mail room and, once I know the company, I can apply for a managerial position. In a small company, there would not be as much room to grow.

In a large company there is the opportunity to learn a variety of jobs. I could work in sales, in shipping, or in any department I applied for. I could be trained in a variety of positions and would have valuable experience. In a small company, there would not be the same opportunity.

In a large company, there would be more prestige. I could brag to may friends that I worked for one of the biggest companies in the world. I would always have something to talk about when I met strangers. If I worked for a small company, I would always have to explain what the company did.

Working for a small company would not give me the same opportunities for advancement or training as working for a larger company would. Nor would I be as proud to work for a small company — unless the small company was my own.

16	EX	People work because they need money to live. What are some other reasons that people work? Discuss one or more of these reasons. Use specific examples and details to support your answer.

Although people work to earn money, money is not the main reason people stay in their jobs. They also work because they like to be with other people, they want to contribute something to society, and they feel a sense of accomplishment.

Many people enjoy going to work because they like being with other people. They like to interact with their coworkers and clients. They like to help people solve problems or get a product, and they like to make friends.

People also enjoy their jobs because it gives them a chance to contribute to society. Teachers educate our future generations. Doctors and nurses heal people. Manufacturers produce things that people need to use. Through work, each individual is able to do his or her part in this world.

A lot of people like to work because it gives them a sense of accomplishment. For example, people who work in factories take pride in the car they produce or the television they assemble. When they see a car on the street, they can feel a sense of accomplishment. They helped make that car.

Money is nice, but it is not the only reason people get up and go to work each day. I believe that people work because it gives them the opportunity to be with other people, to contribute to society, and to feel that they have accomplished something.

17	AD	Do you agree or disagree with the following statement? Face–to–face communication is better than other types of communication, such as letter, e–mail, or telephone calls. Use specific reasons and details to support your answer.

I would have to agree that face–to–face communication is the best type of communication. It can eliminate misunderstandings immediately, cement relationships, and encourage continued interaction.

When you talk to someone directly, you can see right away if they don't understand you. A person's body language will tell you if they disagree or if they don't follow your line of thought. Then you can repeat yourself or paraphrase your argument. When you send an e–mail, the receiver may misinterpret what you want to say. He or she would even be insulted. Then you have to waste time explaining yourself in another e–mail.

When you talk face to face, you communicate with more than words. You communicate with your eyes and your hands. You communicate with your whole body. People can sense that you really want to communicate with them. This energy bonds people together. Your relationship with a person can grow much stronger when you communicate in person.

When you meet someone face to face, the interaction tends to last longer than other forms of communication. An e–mail lasts a second; a telephone call, a few minutes. When you meet someone face to face, however, you've both made an effort to be there. You will probably spend longer talking. The longer you talk, the more you say. The more you say, the stronger your relationship will be.

In summary, if you want to establish a relationship with another human being, the best way is talking face to face. When you communicate directly, you can avoid misunderstandings that may occur in writing. You can communicate on levels other than just words and you can spend more time doing it.

| 18 | MA | Some people say that computers have made life easier and more convenient. Other people say that computers have made life more complex and stressful. What is your opinion? Use specific reasons and examples to support your answer. |

Almost everything these days is done with the help of a computer. Computers make communication much more convenient. They make many tasks of daily life easier. They help many people do their jobs better. Overall, computers have made life easier and more convenient for everybody.

Through the internet, computers make communication much more convenient. E − mail makes it possible to communicate with people instantly at any time of day. This is important for both our work and our personal lives. The internet makes it possible to find out the latest news right away — even if it is news that happens someplace far away. The internet makes it possible to get almost any kind of information from any place quickly, right in your own home or office.

Although we may not realize it, computers make many daily tasks easier. Check out lines at stores move faster because a computer scans the prices. The bank manages your account more easily because of computers. The weatherman reports the weather more accurately with the help of computers. A computer is involved in almost everything we do, or that is done for us.

Most people these days do their jobs with the help of a computer. Architects use computer programs to help them design buildings. Teachers use computers to write their lessons and get information for their classes. Pilots use computers to help them fly planes. With the help of computers, people can do complicated jobs more easily.

We are living in the computer age. We can now do more things and do them more easily than we could before. Our personal and professional lives have improved because of computers.

| 19 | AD | It is better for children to grow up in the countryside than in a big city. Do you agree or disagree? Use specific reasons and examples to develop your essay. |

I have to disagree that it is better for children to grow up in the countryside. In the countryside, children have limited opportunities to see and learn about things. In the city, on the other hand, they are exposed to many different things. They see all kinds of different people every day. They have opportunities to attend many cultural events. They see people working in different kinds of jobs and therefore can make better choices for their own future. Growing up in the city is definitely better.

All different kinds of people live in the city, while in a small town in the countryside people are often all the same. City people come from other parts of the country or even from other countries. They are of different races and religions. When children grow up in this situation, they have the opportunity to learn about and understand different kinds of people. This is an important part of their education.

In the city, there are many opportunities to attend cultural events, whereas such opportunities are usually limited in the countryside. In the city there are movies and theaters, museums, zoos, and concerts. In the city children can attend cultural events every weekend, or even more often. This is also an important part of their education.

People in the city work in different kinds of jobs, while in the countryside there often isn't a variety of job opportunities. People in the city work at all different types and levels of professions, as well as in factories, in service jobs, and more. Children growing up in the city learn that there is a wide variety of jobs they can choose from when they grow up. They have a greater possibility of choosing a career that they will enjoy and do well in. This is perhaps the most important part of their education.

People usually move to the city because there are more opportunities there. Children who grow up in the city have these opportunities from the time they are small. The city is definitely a better place for children to grow up.

20	MA	In general, people are living longer now. Discuss the causes of this phenomenon. Use specific reasons and details to develop your essay.

People are living to be much older these days for a number of reasons. The main reasons are greater access to health care, improved health care, and better nutrition.

Basic health care is available to more people now. When someone is seriously ill, he or she can go to a public hospital. There are also more clinics and doctors than there used to be. Years ago, health care wasn't available to everyone. Some people didn't live near a doctor or hospital and others couldn't pay for the care they needed.

People also live longer because the quality of health care has improved. Doctors now know more about diseases and cures. Years ago, people died young because of simple things such as an infection or a virus. Now we have antibiotics and other medicines to help cure infections.

The quality of nutrition has improved also. We eat more healthfully than we used to. We know that eating low –fat food can prevent heart disease, and we know that eating fruits and vegetables can prevent cancer.

Improved health care and healthy eating habits allow us to live longer. Now we need to make sure that everyone in the world has these benefits.

문재익

약 력

영어학중 영어교수법 전공으로 영문학 박사학위를 취득했으며 America New Jersey Rutgers University에서 ELT를 수학했다. 30여 년 동안 사회교육을 통해 수십만 명의 수강생을 배출했다. 세종대학교 겸임교수와 단국대학교 영어영문학과 외래교수를 거쳐 현재 강남대학교 인문대학 영문학과 교수와 국제어학교육원 원장으로 재직 중이다. 학회는 한국영어교육연구학회, 한국영어교육평가학회, 한국동서비교문학학회 정회원으로 활동 중이다.

주요논문 및 저서

「영어 화법에 대한 연구」, 「영어 독해력 향상 지도를 위한 번역사례 연구」, 「대학영어 교육과 학습 방향」, 「영어 청취 교육과 평가」, 「문법 교육의 새 방향」, 「대학에서의 효과적인 실용영어 교수법」, 「대학 영어독해 지도방안」, 「대학 영작문 지도방안」, 「조기 영어 교육 평가」
『EZPASS Basic English』, 『EZPASS Structure』, 『EZPASS Vocabulary』, 『EZPASS Reading Comprehension』, 『EZPASS Reading Practice Drill』, 『EZPASS Business English』, 『EZPASS From Writing to Essay』

From Writing to Essay

초판인쇄 | 2009년 6월 25일
초판발행 | 2009년 6월 25일

지은이 | 문재익
펴낸이 | 채종준
펴낸곳 | 한국학술정보㈜
주 소 | 경기도 파주시 교하읍 문발리 파주출판문화정보산업단지 513-5
전 화 | 031) 908-3181(대표)
팩 스 | 031) 908-3189
홈페이지 | http://www.kstudy.com
E-mail | 출판사업부 publish@kstudy.com

등 록 | 제일산-115호(2000. 6. 19)
가 격 | 27,000원

ISBN   [illegible](Paper Book)
        978-89-268-0164-2 98740(e-Book)

이담 Books 는 한국학술정보(주)의 지식실용서 브랜드입니다.